EUROPA

Kulinarische Streifzüge

Erika Casparek-Türkkan

EUROPA
Kulinarische Streifzüge

Mit 92 Rezepten
exklusiv fotografiert
für dieses Buch
von
Hans Joachim Döbbelin

SIGLOCH
EDITION

INHALT

Zur Abbildung auf Seite 2:
Zur Zeit der Weinlese wird in Südtirol der neue Wein in Straußwirtschaften probiert, „törggelen" nennt man das dort.

Auf dem Markt einzukaufen ist allein schon fürs Auge ein Fest und Vorgeschmack auf Gerichte aus frischen, natürlichen Zutaten.

Liebe Leserinnen und Leser,

die Sterne im Europakranz, sie sind Symbole für die Länder, die Menschen, die Kultur und die Küche unseres Kontinents und seiner Inseln. Sie stehen auch für klangvolle Namen wie Pizza, Paella, Marillenknödel, Tzatziki und viele andere köstliche Speisen, die aus dem Urlaub oder dem Besuch in einem Spezialitäten-Restaurant bekannt sind. Nicht nur für diese, sondern für viele andere, traditionelle kulinarische Hits aus den Ländern Europas finden Sie in diesem Buch die Original-Rezepte aus der Alltags-und der Festtagsküche. Es ist besonders interessant und spannend, sie von ihrem historischen und sozialen Hintergrund zu sehen. Die Rezepte nachzukochen macht keine Mühe. Umso größer ist die Freude beim Genießen. Laden Sie einmal zum Europa-Abend mit einer internationalen Menüfolge ein, selbstverständlich mit den passenden Getränken, die es auch bei uns im Lebensmittelladen gibt. Viel Spaß beim Kochen und Probieren.

Erika Casparek-Türkkan

ESSEN WIE IM MÄRCHEN

Tomaten aus Italien, Paprika aus Ungarn, Pfirsiche aus Griechenland, Zwiebeln aus Polen und Melonen aus Frankreich – wurden sie gestern geerntet, so landen sie spätestens übermorgen auf unseren Märkten. Mit den Mitteln des modernen Transports und der Kühlvorrichtungen werden alle nur erdenklichen Lebens- und Genußmittel herbeigezaubert. Und fast wie im Märchen vom „Tischlein deck Dich" können wir uns alle Wünsche nach den berühmten Spezialitäten Europas im Nu erfüllen. Fehlen uns die Schlüssel dazu, die Rezepte, so hält dieses Buch sie bereit. Durch den Urlaub in den süd-, west- und nordeuropäischen Ländern sind uns viele Speisen vom Duft, vom Geschmack her vertraut. Mit der Öffnung der Grenzen zum Osten erwachte die Neugier auf Gerichte, die oft nur vom Hörensagen bekannt waren. Doch probieren, was andere essen und trinken, am besten gemeinsam, stellt eine der direktesten und schönsten Formen der Annäherung an die Kultur, an die Tradition eines Landes dar und bringt die Menschen Europas einander näher. Ist das nicht eine wunderbare Möglichkeit der Völkerverständigung!

Europa holt auf

Kulinarisch betrachtet waren die Europäer Spätentwickler. Während sie um 6000 v. Chr. noch sammeln und jagen mußten, um satt zu werden, kochten sich die Menschen in den städtischen Siedlungen Vorderasiens bereits Weizen- oder Gerstenbrei wie auch Gemüse und hielten sich Schaf, Ziege, Rind und Esel als Haustiere. Das Handwerk und die Landwirtschaft entwickelten sich so erfolgreich, daß der Handel in Schwung kam. Die Europäer, die Barbaren, an der Peripherie dieser Hochkulturen, brauchten also nur noch abzuwarten, bis ihnen Händler und Siedler die Errungenschaften bis in ihre Wohnhöhlen trugen. Der Fortschritt hielt zuerst im Bereich des heutigen Griechenlands Einzug, arbeitete sich allmählich die Donau aufwärts und – teils auf dem Seeweg – die Mittelmeer- und Atlantikküste entlang bis in den Norden, nach Irland und Großbritannien. Das alles vollzog sich in weitläufigen Zeiträumen von etwa zweitausend Jahren. Die Volksgruppen im südosteuropäischen Mittelmeerraum bildeten eigene Zivilisationszentren, woraus sich die griechische Antike und das Römische Welt-

Selbstgebackenes Weizenschrotbrot bietet die junge Frau auf der griechischen Insel Karpathos an.

Reich ist der Fischer von Paros in der griechischen Ägäis in seinem Leben sicher nicht geworden. Doch auch beim Netzflicken scheint er zufrieden zu sein.

reich entwickelten. Damit wurden zum ersten Mal großräumige Teile Europas unter einem Herrscher zusammengefaßt, und die Grundlage für die Küchen seiner Regionen gelegt.

Das erste Kochbuch der Welt

Lebensnahe Darstellungen mit Gastmahlszenen und Trinkgelagen auf antiken Amphoren zeigen, daß die alten Griechen zu leben wußten. Den Wein, der so reichlich gedieh, daß er wie Olivenöl und Getreide zum wichtigen Exportgut wurde, empfahl ihnen sogar der Arzt Hippokrates zur Erhaltung der Gesundheit, wenn auch in Maßen. Das wahrscheinlich erste Kochbuch der Welt wurde vom Philosophen Archestratos um 400 v. Chr. in der griechischen Kolonie Gela auf Sizilien geschrieben. Das hungrige Römische Weltreich schluckte auch Griechenland. Aber erst im byzantinischen Konstantinopel erreichte die Küche höchste Verfeinerung. Die nachrückenden Türken verliehen den Gerichten des Balkans die orientalische Note, bei den griechischen Süßigkeiten schmeckt man sie besonders heraus. Lammfleisch, Gemüse und Fisch sind die Säulen der griechischen Küche. Nicht zu

vergessen den weißen Feta-Käse, der den Bauernsalat so köstlich macht. Gekocht wird, was die Jahreszeiten hergeben. Nichts schätzen die Griechen mehr, als mit Freunden bei *Ouzo*, Anisschnaps oder Wein die kleinen Gerichte zu genießen, für die Griechenlands Küche berühmt ist. Die Hauptweinanbaugebiete liegen auf dem Peleponnes, auf Kreta, in Zentralgriechenland, Mazedonien und Thrazien.
Auf der geteilten und seit Jahrhunderten von Griechen und Türken gemeinsam bewohnten Insel Zypern existieren beide Küchen, geprägt durch inseltypische Eigenheiten. Eine besondere Spezialität ist dort der Haloumi-Käse, der gebraten das Vorspeisenangebot bereichert.

Wo gutes Essen zum Leben gehört

Ihre kulinarischen Anregungen bezogen die alten Römer aus Kleinasien und Griechenland. Daraus entwickelte sich im Laufe der Jahrhunderte die italienische Küche so, wie wir sie heute kennen. Jedes Gebiet hat seine Schwerpunkte: Ligurien und die toskanische Küste ihre Fischgerichte, die Po-Ebene ihren Risotto, die Alpenregionen

Von den Windmühlen bei Olympos auf Karpathos zum Absatz des italienischen Stiefels: Apulien mit den charakteristischen Trulli, den runden Steinhäusern.

Die Toskana und der Chianti-Wein gehören zusammen wie San Gimignano und seine Geschlechtertürme. Doch nicht nur Rotwein kommt aus dieser Gegend Italiens, sondern auch der goldene „Vin Santo", für den die Malvasia- oder Trebbiano-Trauben zu Rosinen getrocknet werden, damit sie den samtweichen, alkoholreichen Tropfen ergeben. Auch Olivenbäume machen Arbeit: Der portugiesische Bauer steigt in die Bäume, um sie auszudünnen und so zu verjüngen.

10

Der Stierkampf ist in Spanien nicht nur blutige Touristenattraktion, sondern inszeniertes Ritual des uralten Kampfes zwischen Mensch und Tier.

Produkte der Almwirtschaft wie den Fontina-Käse, die Toskana, Umbrien und die Marken Schinken, Fleischgerichte vom Grill und köstliche Suppen, Rom mit dem Latium kocht kräftig mit Speck und Schmalz, für selbstgemachte Nudeln sind die Abruzzen, Apulien, Kampanien und die Basilikata bekannt, Kalabrien und Sizilien für Schwertfisch-Gerichte. Dazu besitzt jedes Gebiet seine Weine – unmöglich sie alle zu nennen – den Chianti und Orvieto, den Barolo und Barbera, den Valpolicella und Bardolino. Die Bastion der Ritter des Johanniterordens, die Insel Malta, bildet mit ihrer Küche das Verbindungsglied zwischen Europa und Afrika, doch auch von der Nachbarinsel Sizilien ließ sie sich inspirieren.

Auf der Fährte des iberischen Schweins

Für Touristen ist ganz Spanien das Sonnenland mit einer Küche, die nach Fisch und Meeresfrüchten, nach Wurst, Knoblauch und Olivenöl duftet. Üppige Vegetation und groß angelegter Gemüse- und Obstanbau in den Flußdelten, nicht zu vergessen den Wein, den einst die Römer pflanzten, prägen das Bild der

Mittelmeerküste. Rauher dagegen ist die weniger bekannte Atlantikseite, die jedoch mit dafür sorgt, daß die Fischhallen immer gut bestückt sind. Aus dem Hinterland und dem Bereich der Pyrenäen kommen berühmte Käsesorten wie der blaugeäderte Cabrales. In Kastilien und der Mancha, dem Land des Don Quijote, weiden Schafherden und liefern die Milch für Spaniens berühmtesten Käse, den Manchego. In die facettenreiche Küche des Landes mischen sich Aromen orientalischer Gewürze wie Safran. Sie erinnern an die maurischen Herrscher, die im 14. Jahrhundert ihr Reich bis hierher ausweiteten. Spanien produziert einen guten Sekt, den *Cava*, außerdem Rot- und Weißweine vor allem in den Regionen Rioja, Navarra, Penedes, Valdepeña und Valencia, wie auch Sherry und Brandy in Andalusien. Eine beliebte Beigabe zum Wein ist luftgetrockneter Schinken, der beste stammt vom schwarzen iberischen Schwein, das schon Obelix zu würdigen wußte.

Entdeckerküche am Atlantik

Seit immer mehr Touristen die Schönheit der portugiesischen

Küsten am Atlantik entdecken, werden auch die wohlgehüteten Küchengeheimnisse gelüftet. Ölsardinen und Portwein waren lange die einzigen Produkte, die uns mit der kulinarischen Szene des Landes verbanden. Überraschend und eigenwillig sind Portugals Gerichte, geprägt von den Normannen und Mauren sowie den Mitbringseln seiner, seit dem 16. Jahrhundert in ferne Länder segelnden Entdecker. So verleiht Kreuzkümmel den Fischgerichten ein apartes Aroma. Gemüse wie Spinat, Mangold, grüne Bohnen und Kohl kommen in herzhaften Variationen auf den Tisch. Muscheln schmoren mit

Schweinefleisch zusammen in einem Topf. Da in Portugal viele Fischer zugleich auch Bauern sind, können sie sich nur schwer für eine dieser guten Zutaten entscheiden. Und im „Garten Portugals", im grünen Hinterland der Algarve mit seinen Weingärten, eröffnen sich wahrlich paradiesische Perspektiven.

Aus dem Land der Superköche
Essen spielt in Frankreich seit je eine überragende Rolle. Kein Wunder, daß seine Köche Spitzenpositionen in der internationalen Gastronomie behaupten. An der Entwicklung der französischen Küche war Italien nicht unbe-

Friedlich dagegen der Viehzüchter mit seiner Herde im andalusischen Hochland.

teiligt, holte doch Katharina von Medici 1533 eine Kochbrigade aus ihrer Heimatstadt Florenz an den Hof von Paris. Wer durch das Land reist, findet die regionalen Unterschiede schnell heraus. Wird in der Normandie mit Butter und Sahne gekocht, duftet es aus den Töpfen der Provence nach Olivenöl, Kräutern, Knoblauch und Wein. Die Genießermeile dazwischen mit den berühmten Weinbaugebieten der Loire, der Bourgogne, des Beaujolais oder der Rhône, wie auch der fein perlende Champagner eröffnen eine Fülle wunderbarer kulinarischer Erlebnisse. Nicht zu vergessen die vielgerühmten Käse Frank-

reichs, von denen es so zahlreiche Sorten gibt, daß Charles de Gaulle einst mit humorvoller Resignation bemerkt haben soll, daß ein Volk mit so viel Käse unmöglich zu regieren sei.

Bier vom Besten

Seit dem Mittelalter wird in Belgien Bier gebraut, und kein anderes Land ist in der Lage, vierhundert verschiedene Sorten in rund zweihundert unterschiedlichen Geschmacksrichtungen anzubieten, von hell bis dunkel, von säuerlich bis süß, je nach Vorliebe. Wie die Sprache, so ist auch die Küche sowohl mit dem Französischen als auch mit dem

Frankreich ist Feinschmeckerland. Frischer als direkt von den Mastparks wie hier in der Bretagne sind Austern nirgends zu bekommen (links).
Auf dem Markt im Pyrenäen-Städtchen Ariège (oben) gibt es andere Köstlichkeiten: Brot, Knoblauch, Käse, Schinken . . .

Die Belgier sind Bier-Experten, doch auch bei der Verfeinerung der Kartoffel waren sie genial: Sie haben sie in Streifen geschnitten, schwimmend in Öl gebacken – von der Hand in den Mund wurden die Pommes frites ein Welterfolg. Brüsseler Spitzen sind dagegen eher etwas für feine Damen.

Niederländischen verbunden. Das läßt sich am besten in der Hauptstadt Brüssel probieren, eine Stadt, die vor allem für ihre Restaurants berühmt ist. An der Nordseeküste bei Ostende spielen Fisch, Muscheln, Austern und Garnelen eine große Rolle, während im Inland und in den wildreichen Ardennen Ländliches überwiegt, Delikatessen sind Schinken und Pasteten. Die Ardennen erstrecken sich sowohl über Belgien als auch über das Herzogtum Luxemburg, die Mosel verbindet die Länder Frankreich, Luxemburg und Deutschland. So sind vor allem Wild und Wein typisch luxemburgische Genüsse.

Von Matjes bis Amandelen

Nicht nur die großen Käselaibe kommen dem Feinschmecker in den Sinn, denkt er an die Niederlande. Da läßt sich noch vieles aufzählen, angefangen beim berühmten holländischen Frühstück mit seinen verschiedenen Brotsorten, Korinthenbrötchen, Zwieback und Honigkuchen. Nicht zu vergessen die zarten Matjesheringe, die man sich mit Zwiebeln an einer der kleinen Buden in Amsterdam im Vorbeigehen in den Mund schiebt. Andere lassen sich ein Brot mit *Paling*, jungem geräuchertem Aal, schmecken und genehmigen sich dazu einen jungen oder einen

alten Genever, einen Wacholder-
schnaps, zur Verdauung. Zum
festen Bestandteil holländischen
Lebens gehören auch die indone-
sischen Restaurants und die Reis-
tafel, heute noch Relikte aus der
Kolonialzeit. Die traditionellen
niederländischen Gerichte findet
man meist in kleineren Städten
und an der Küste: deftige Eintöpfe
und natürlich Fisch. An die
Spanier, die sich der Niederlande
und Flanderns einst bemächtig-
ten, erinnert Süßes wie *Amandel-
brodjes*, mit Marzipan gefüllte
Blätterteigrollen, die es vor allem
zu *Sinta Klaas*, zum Nikolaustag
gibt.

Auf gute englische Art

Die Küche auf Europas größter
Insel, in Großbritannien, steckt
voll angenehmer Überraschungen.
Sowohl die traditionelle, gedie-
gene Küche der Arbeiter als auch
die leichte, feine Küche wird in
den letzten Jahren nicht nur in
London, sondern auch in ländlichen Regionen gepflegt. Auf
zarte Steaks und rosa gebratenes
Roastbeef legten die Briten schon
immer Wert. Einen großen Teil
schottischen Beefs vom Aberdeen-
Angus-Rind wie auch das Fleisch
ihrer Lämmer verzehren sie
selbst. Zu Ehren kommen wieder

die herzhaften *Pies* und *Cakes*,
gefüllt mit Fleisch oder Fisch und
Gemüse. Von außerordentlicher
Qualität sind Fisch, Muscheln
und Hummer. Wer London
besucht, sollte einen Abstecher
ins „Sweetings" in der Queen
Victoria Street mit einplanen und
zum Lunch *Colchester oysters* an
der Austernbar probieren. Englands wechselvolle Geschichte
macht es schwer, die Herkunft
der Gerichte zu bestimmen, die
sich aus den landwirtschaftlichen
und sozialen Gegebenheiten der
einzelnen Regionen entwickelten.
Den gemeinsamen Nenner finden
schließlich alle beim National-
getränk, dem Tee, der im 17. Jahrhundert populär wurde. Dem
feuchten Inselwetter setzten die
Schotten ihre Geheimwaffe ent-
gegen, den Whisky. Er zählt zu
den wichtigsten Exportgütern,
wie auch übrigens der Gin, der
sich aus dem holländischen
Genever entwickelte. Eine Be-
reicherung sind Englands Käsesorten, der orangerote *Cheddar*
und die Blauschimmelkäse Blue
Cheshire und *Blue Stilton*. Übrigens erhält man das englische
Frühstück mit *Porridge* oder Corn-
flakes, Eiern und Speck, Würstchen und Räucherfisch heute
meist nur noch auf Bestellung.

*Rund und gelb, so ist Käse
aus Holland. Beim traditionellen Käsemarkt in
Alkmaar kann man sich
jede Woche „laibweise"
eindecken.*

Gastlichkeit und liebevoll gepflegte Tradition machen das grüne Irland zum begehrten Ferienziel. Nicht zu verachten ist die Inselküche, die mit gegrilltem oder geräuchertem Lachs, mit Meeresfrüchten und vor allem mit Lammgerichten Charakter zeigt. Dem Whiskey erweist man hier natürlich besondere Ehre.

Kulinarische Freuden des Nordens

Kopenhagen gilt als eine der lebenslustigsten Städte der Welt. Und wer die ungezwungene, fröhliche Art der Dänen in einer Kneipe oder in einem Restaurant kennenlernt, wird davon angesteckt. In der zweiten Hälfte des 18. Jahrhunderts servierte der renommierte Kopenhagener Weinhändler Oskar Davidsen, der die Schlemmerseelen seiner Landsleute richtig einschätzte, die ersten *Smørrebrøds*, die zu einer Spezialität wurden. Heute soll es an die einhundertfünfzig verschiedene Arten dieser Butterbrote geben, die phantasievoll mit Braten und Schinken, Wurst und Käse, Hering, Aal, Krabben und Lachs belegt und mit Salat, Gurke, Kresse und Ei garniert sind. Dazu gehört ein eiskalter Aquavit mit feinem Kümmel-

Grün – soweit das Auge reicht. Die Yorkshire Dales sind charakteristisch für die Landschaft der Britischen Inseln. Weideland für Pferde, Kühe, Schafe, feuchtes Klima für wunderschöne Gärten und den englischen Rasen. Und wenn es zuviel regnet, gibt es Ale oder Whisky.

Im äußersten Norden Norwegens auf den Lofotinseln (oben und rechts) leben die Menschen an den Fjorden von der Fischzucht.

aroma. Handfestes wie Schweine- und Gänsebraten mit Äpfeln oder Backobst, Frikadellen, gepökelter Schinken und Leberpasteten werden in Dänemark genauso geschätzt wie die Fisch-, Kartoffel- und Gemüsegerichte. „Gut geht es denen, denen Dänen nahe sind" heißt es. Wie wahr!

Die Gemeinsamkeiten, die alle skandinavischen Länder besitzen, lassen sich schwer übersehen. So gibt es die belegten Schnittchen als *Smörgåsbord* auch in Schweden. Die Vorliebe für süß-sauer eingelegte Heringe, Gurken und Rüben, für Fleischbällchen und Braten ist ähnlich wie bei den Nachbarn. Zu Schwedens Spezialitäten zählen außerdem Rentierbraten und geräuchertes Rentierfleisch mit Multbeeren, die den Preiselbeeren ähneln. Mit den Fischgründen vor der Haustür ist zudem alles, was das Meer liefert, in der skandinavischen Küchentradition verankert. Die Ureinwohner ernährten sich hauptsächlich von Muscheln, und selbst die meererprobten Wikinger bezogen ihre Kraft von den eiweißreichen Schaltieren. Wer einmal so richtig in schwedischen Spezialitäten schwelgen möchte, sollte eine Kurzkreuzfahrt nach Stockholm buchen. Die Passagier-

schiffe sind berühmt für ihre Küche und ihre reichhaltigen Buffets.

Vom Aquavit, der gerne reist

Das Land im hohen Norden ist für seine Fjorde und Berge bekannt. Diese isolierten lange Zeit die Bewohner Norwegens von der übrigen Welt. Und weil so wenig nutzbarer Lebensraum da ist, entwickelte sich nur eine bescheidene kulinarische Tradition. Rentier- und Rehbraten blieben den Festtagen vorbehalten. Die auf Steinen getrockneten Klippfische garantierten früher das Überleben in winterharten Zeiten. Milchprodukte wie saure Sahne und Käse bereichern die Alltagsgerichte. Getreide für Brei und Brot bilden die Basis. Als Fleischlieferant wird heute das genügsame Lamm gehalten, das wie der Lachs in vielen guten Zubereitungsarten zu Tisch kommt. Den Lachs züchten die Norweger in den Fjorden in großen schwimmenden Fischfarmen. So ist der Edelfisch in ganz Europa jetzt erschwinglich. Ein exquisiter Schnaps, der *Linie-Aquavit*, wird in Eichenholzfässern gelagert und überquert per Schiff zweimal den Äquator. Dabei ist er ständig in Bewegung,

wodurch die gelbe Farbe und das milde Aroma entstehen. Seemannsgarn? Auf der Innenseite des Etiketts steht, mit welchem Schiff der Inhalt auf die weite Reise ging.

Finnland, das Land der sechzigtausend Seen, unterscheidet sich vom übrigen Skandinavien nicht nur durch fehlende Sprachverwandtschaft, sondern auch durch die Gerichte. Zwar wurden einige von den Schweden übernommen, die wechselweise mit den Russen das Land regierten. Doch existiert daneben eine eigenständige Küche, die einfach, nahrhaft und auf lange kalte Winter eingerichtet ist, wie etwa *Kalakukko*, Roggen-

brot mit eingebackenen Fischen und Fleischstücken. Es bleibt lange haltbar und wird auch an den Ständen in Helsinkis Jugendstil-Markthalle am Hafen angeboten. Aus Roggenmehl sind auch die frischen runden oder harten Brotfladen gebacken und die Piroggen, eine Spezialität aus Karelien. In dieser Region entlang der russischen Grenze sehen die Finnen ihre Urheimat, die sie schon vor unserer Zeitwende besiedelten. Lachs, Heringe und Sprotten aus dem Meer, Hecht und Barsch aus den Seen, Elchfleisch, Pilze und Beeren aus den riesigen Wäldern behaupten in der Küche Finnlands ihre Plätze.

Kabeljau wird durch Trocknen an der Luft haltbar gemacht. Stockfisch bleibt ungesalzen, Klippfisch dagegen wird vor dem Trocknen gesalzen. Jahrhundertelang war diese Methode die einzige Möglichkeit, Fisch für eine längere Zeit zu konservieren.

Polen ist für viele noch ein ziemlich unbekanntes Land. Oft wissen wir nicht viel mehr, als daß die Bevölkerung fast rein katholisch ist. In diesem Land gibt es viel zu entdecken, auch kulinarisch.

Berühmt sind dazu der Wodka sowie die Beerenliköre Lakka und Messimarja.

Baltische Eßkultur

Die Küche der baltischen Länder Estland, Lettland und Litauen besitzt viele Berührungspunkte. Deren Völker waren darauf angewiesen, was Ostsee und Binnengewässer, die Weideflächen und ausgedehnten Kiefernwälder im regenreichen Klima hergaben. Robuste Nutzpflanzen wie Roggen und Gerste, Kohl und Rüben zeigten sich den Bodenbedingungen gewachsen. Die im 18. Jahrhundert eingeführte Kartoffel gab der Schweinezucht Auftrieb. So sind in allen drei Küchen Kartoffeln, Weißkohl, Schweinefleisch, Milchprodukte sowie Fisch dominierend. Daneben zeichnen sich nationale Eigenheiten ab: wie in Estland, das mit Finnland verbunden ist, wo auch die Fischpirogge, *Kalapirukas*, geliebt wird; wie in Lettland, das eine Vorliebe für marinierten Fisch und Geräuchertes zeigt; wie in Litauen, das durch Beziehungen zu der Schwarzmeerküste und Armenien orientalische Gewürze verwendet. Mit Polen teilt Litauen die Vorliebe für Pilze und Beeren.

Die Geschichte würzt mit

Um nationale Identität bemüht sich auch die kleine Moldauische Republik in einer der wärmsten und fruchtbarsten Regionen Osteuropas. Sie liegt an der Grenze Rumäniens und ist mit diesem sprachverwandt. In der ehemaligen UdSSR wurde sie als deren Gemüsegarten bezeichnet. Moldawien, das in vorsowjetischer Zeit Bessarabien hieß, pflegte intensiven Kontakt zu Konstantinopel und dem Osmanischen Reich. Seine Küche zeigt noch heute türkischen Einfluß.

Zwei verwandte Küchen

Die Ukraine als zweitgrößter GUS-Staat nimmt jetzt eine bedeutende Stellung in Osteuropa ein. Ihre Geschichte ist eng mit Rußland verbunden, beider Küchen lassen sich schwer trennen. Der in der ganzen Welt bekannte *Borschtsch*, ein Synonym für russische Eßtradition, stammt aus der Ukraine. Mit ihrem hohen landwirtschaftlichen Aufkommen ist sie ein Bauernland geblieben, das mit seinen zahlreichen Gemüse- und Fleischgerichten gut zu leben versteht. Die Russische Föderation, die von Finnland bis Sibirien reicht, liegt nur zu einem Teil in

Europa. Moskau und Sankt Petersburg haben die Küche der Zaren und die des Volkes als kulinarischen Hintergrund. Kräftige Suppen, Braten, Piroggen und Gemüsegerichte, die Küche im europäischen Rußland zeigt sich sehr abwechslungsreich. Neben Wodka ist der säuerliche, moussierende *Kwass* das Volksgetränk.

Kosmopolitisch gefärbt

Herzhafte und süße Suppen, Fleisch mit Pilzen und saurer Sahne, Geflügel mit Äpfeln und süßwürziger Füllung – die polnische Küche beweist Einfallsreichtum. Vielleicht ist auch hier, wie so oft, der Mangel der Vater von soviel kulinarischer Phantasie. Der auch bei uns beliebte Karpfen mit einer Rosinen-Lebkuchen-Sauce ist jüdischen Ursprungs. König Kasimir von Polen verliebte sich in eine schöne Jüdin, dank deren Einfluß 1340 viele ihrer Landsleute in Polen seßhaft wurden. Aus ähnlichem Anlaß sorgte 180 Jahre später eine Mailänder Fürstentochter für den italienischen Touch in Polens Töpfen. Auch die enge Verbindung zu Böhmen und Österreich blieb nicht ohne kulinarische Folgen. Erhalten haben sich dazu die Rezepte der Kaschuben, einem slawischen Volk, das zu den Ureinwohnern Polens zählt.

Mütterchen Wolga ist der wasserreichste und längste Fluß Europas. An seiner Mündung ins Kaspische Meer erreicht sein Delta eine Breite von 150 Metern. Störe werden dort vor allem wegen des begehrten Kaviars gefangen.

Die Schweiz, das Land aus dem Bilderbuch. Nach dem Bergwandern im Sommer oder Skifahren im Winter locken nahrhafte Gerichte und bringen müde Urlauber wieder auf die Beine.

Vollendete Alpenküche

Eingerahmt von fünf Staaten, bildet die Schweiz eine Art Mikrokosmos. Kalte Bergpracht, grüne Almen und von Palmen und Zypressen geschmücktes südliches Ambiente im Tessin, in diesem Alpenland kann man sich eine Klimazone nach Geschmack aussuchen. Die sich aus dem Kontakt mit den Nachbarn ergebenden Kücheneinflüsse wurden nach Schweizer Gusto integriert. Wie bei der Polenta, die in Würfel geschnitten in Butter gebraten und mit Reibkäse bestreut als „Riebeles" serviert wird. Bei ihren eigenen Produkten, vor allem dem Käse und den Spezialitäten aus Kalb- und Rindfleisch freilich setzen die Schweizer auf Tradition, und sind damit immer gut gefahren. Das Bündner Fleisch, in papierdünne Scheiben geschnitten, ist eine einzigartige Köstlichkeit. Die Käsegerichte wie Raclette und Fondue verhalfen der Schweiz zu Ruhm, wie auch einige andere Spezialitäten. Großes Ansehen genießt die Schweizer Gastronomie was Perfektion, Qualität und Service betrifft. So sind die Köche des Alpenlandes in den Tophotels der Welt zu finden, in der sie auch die Küche ihres Landes aufs beste vertreten.

Österreich, Wien und Heurigenlokale. Von März bis Oktober sind die lauschigen Plätze im Freien zu haben. Dazu gehört ein wenig Melancholie und – natürlich – Weinseligkeit. Rechts: Weinernte in Ungarn. Für den berühmten Tokajer werden edelfaule, speziell ausgelesene Trauben verwendet. Doch auch andere ungarische Tropfen sind weltberühmt, wie etwa der Erlauer Stierblut.

Hält man sich vor Augen, daß Österreichs Kaiserreich über 600 Jahre (1282–1918) und aus einem Dutzend Völkern mit verschiedenen Küchen bestand, so läßt sich die Vielschichtigkeit dieser alpenländischen Eßkultur begreifen. Ob von Ungarn, von Böhmen oder Italien, aus allen Töpfen und Backöfen pickte sich die Republik die „Rosinen" heraus. Sie übernahm Gerichte allerdings nie, ohne ihnen die eigene liebevolle Sorgfalt angedeihen zu lassen. Übrigens scheuten sich die Wiener auch nicht, ihren Feinden, den Türken, Gutes abzugewinnen wie beispielsweise den Kaffee. Vielfältig und voller Phantasie

sind die Namen für den Türkentrank: Melange, Brauner, Kapuziner, Einspänner oder Pharisäer. So wurde Österreichs Küche spätestens seit dem Wiener Kongreß von 1815, der die Großen der Welt fast zehn Monate vor allem auch kulinarisch verwöhnte, zum Geheimtip unter Feinschmeckern. Mit dazu beigetragen haben vor allem die Mehlspeisen und Torten, aber auch die herzhaften Suppen und Saucen, die Fleischgerichte und die Obstspeisen, von denen alle Provinzen ihre eigenen Spezialitäten beisteuern. Weltruf genießt auch Österreichs Wein, landestypische Gewächse wie der Veltliner und der Schilcher.

Hochsaison für Bodenständiges

Seit Deutschlands Spitzenköche ihre Heimatküche neu entdeckten, erlebt die regionale Kochkunst eine Renaissance. Von der Ostsee bis zu den Alpen wird auf höchster gastronomischer Ebene auch wieder deutsch gekocht, jetzt aber leichter und verfeinert. Landschaftstypische Gerichte wie der Rheinische Sauerbraten, die Pommersche Gans und alle die vielen sächsischen, holsteinischen, schwäbischen oder hessischen Fleisch-, Gemüse- und Fisch-Spezialitäten werden in ihren Regionen seit jeher hochgehalten. Wie früher kommen die großen Braten mit Spätzle, die Knödeln oder Salzkartoffeln sonn- und feiertags auf den Tisch. Ob sich Germanen, Römer oder andere Völker in den sich häufig verändernden Grenzen befanden, von allen floß ein bißchen in die Küche ein. Die Beziehungen der Hansestädte zum Welthandel förderte den Einfluß von außen. Soziale und landschaftsbedingte Strukturen drückten den Gerichten den Stempel auf. So ist in Bayern und im Allgäu eine Alpen-, im Ruhrgebiet eine Arbeiter- und im Badischen und Pfälzischen eine Weinbauernküche zu finden. Gut gegessen, ausgiebig gefeiert wird überall, und dabei fließen, je nach

Vielfältig sind die deutschen Landschaften und so auch die Regionalküchen. Vom flachen Ostfriesland (links) über die deutschen Mittelgebirge bis zum Rand der Alpen findet sich Bodenständiges. Die verwendeten Grundzutaten richten sich nach der Bodenbeschaffenheit, und den klimatischen Verhältnissen.
Vielleicht der wichtigste Unterschied zwischen Nord und Süd: die Vorliebe für Kartoffeln und Nudeln.

Gegend, Bier oder Wein.

„Man nehme eine Küche, deren Urahne aus dem Kaukasus stammt, die Urgroßmutter aus Italien, der Großvater aus der Türkei, der Onkel aus Frankreich und der Schwager aus Österreich. Dazu suche man ein Volk mit heiklem Gaumen und wähle daraus die begabtesten Köche."

So umschrieb der berühmte ungarische Gastronom Imre Gundel die Küche seiner Heimat, und hätte sie nicht besser treffen können. Ungarns kulinarisches Spektrum reicht so von herzhaft bis fein, wobei vor allem Fleisch vom Schwein, Geflügel und Wild, der Fogosch, der Zander aus dem Plattensee, Zwiebeln, Kraut, Tomaten und Paprika in leckeren Variationen auf den Tisch kommen. Die Gastronomie in der Hauptstadt Budapest, am Plattensee oder in den Weinanbaugebieten von Eger, Tokaj und Kecskemet weiß ihre Gäste zu verwöhnen. Die Küche der Tschechischen Republik und der Slowakei mit Böhmen und Mähren wird als Keimzelle berühmter herzhafter und süßer Mehlspeisen betrachtet. Tatsächlich werden sie hier einschließlich der Knödel, Braten und Schinken besonders gepflegt. Im

Die Budapester Markthalle gibt einen Vorgeschmack auf alle Wohlgerüche des Orients. Vor allem Paprika in allen denkbaren Formen und Farben, als Schoten, getrocknet und gerebelt, eingelegt oder auf Schnüre aufgezogen, als Pulver scharf oder edelsüß.

Türkische Teppiche, begehrtes Objekt der Touristen und oft einzige Einnahmequelle für ganze Familien.

Grunde genommen profitierten die Küchen Ungarns, Österreichs und Bayerns wechselweise voneinander, und jeder verfeinerte das dem eigenen kulinarischen Repertoire Zugefügte auf seine Art. Wie mit dem Bier, das in der Stadt Pilsen erstmals von einem bayerischen Braumeister nach einer neuen Methode gebraut wurde und als „Pilsener" den Siegeszug in die Welt antrat.

Vom Balkan zum Bosporus

Die Küchen Rumäniens, Bulgariens und der Republiken des ehemaligen Jugoslawiens besitzen eine Reihe gemeinsame und ähnliche Gerichte. Sie teilen ihre Vorliebe für Suppen, für gegrilltes Fleisch, für Gemüsetöpfe mit verwandten Namen wie *ghiveci* oder *djuwetsch*, für geschichtetes und gefülltes Weißkraut, das frisch oder milchsauer eingelegt verwendet wird, wie auch für die mit Fleisch und Reis gefüllten Paprikaschoten und Strudelteiggerichte. Den weißen, frischen Schafskäse und den festen *Kaschkaval-Käse* nicht zu vergessen, die vor allem in Bulgarien von außerordentlich guter Qualität sind. Die kulinarische Verbundenheit ergab sich aus dem gemeinsamen Schicksal der über fünf-

hundertjährigen Zugehörigkeit zum Osmanischen Reich. 1393 begann die Herrschaft der Türken, 1878 zogen sie ab. Das kulinarische Erbe blieb. Doch läßt sich nicht alles, was auf dem Balkan gekocht wird, in einen Topf werfen. Eigene Ideen und landestypische Produkte wie auch die Fänge aus dem Schwarzen Meer, der Donau und der Adria sorgen für individuelle Noten. So besitzt Rumänien seine *mamaliga*, seinen Maisbrei. Er ähnelt der italienischen Polenta und stammt von den Legionären Roms, die einst das Land eroberten. Stolz ist der Balkan auf seinen Wein, der seit der Antike angebaut wird, und vor allem auf seinen Pflaumenschnaps, den *Slibowitz*, den man sich vor oder nach einer Mahlzeit schmecken läßt. Von Istanbul auf dem europäischen Teil der Türkei gingen einst die kulinarischen Impulse aus, die in der Küche des Balkans, Griechenlands, Moldawiens und sogar Österreichs bis heute nachwirken. Den Trend bestimmten dabei die Palastküchen der christlichen Byzantiner und der islamischen Sultane, in der sich vorderasiatische und nomadische Kulturen vermischten. Die Küche am Bosporus stellt mit zahlreichen

delikaten Gerichten ihre Qualität auch heute noch unter Beweis. Sie setzt auch auf der Speisekarte Europas den süßen orientalischen Schlußpunkt. Vor allem die *Meze*, die Vorspeisen, beeindrucken durch Raffinesse und Vielfalt. Zu diesen kleinen kalten und warmen Gerichten wird *Rakı* getrunken, Anisschnaps, mit Eiswasser verdünnt. Besonders beliebte Vorspeisen sind Leber albanische Art, Schafskäseröllchen, gefüllte Auberginen mit dem Namen „Der Imam fiel in Ohnmacht", Artischockenböden mit Gemüse, Muscheln mit Walnußsauce. Übrigens gab es für jede Speisen-

art in der Sultanküche Spezialisten, für Suppen, Fleisch- und Teiggerichte, für Süßspeisen und Gebäck wie *Baklava*. Traditionelle Läden und Lokale lassen sich heute noch in Istanbul entdecken. Die feine Istanbul-Küche kann man im „Pandeli", im Gebäude des *Mısır Çarşısı*, des sehenswerten Marktes probieren. Im Stadtteil Kumkapı ißt man besonders gut Vorspeisen und Fisch. Aus dem europäischen Teil des Landes, der Marmarameer-Region, kommen hervorragende Weiß- und Rotweine, ideale Partner zu den regionalen Gerichten. Den Abschluß eines guten Essens bildet immer ein *Kahve*, ein starker Mokka.

Richtig feiern im Kreis der Familie oder mit Freunden, das können die Südländer am besten. Vielleicht liegt es am Klima, an der Mentalität bestimmt – lassen wir uns anstecken . . .

VORSPEISEN, SUPPEN UND KLEINE GERICHTE

Kalte Gemüsesuppe aus Andalusien

750 g vollreife Tomaten
1 mittelgroße weiße
Zwiebel
1 Knoblauchzehe
je 1 rote und 1 grüne
Paprikaschote
1 Salatgurke
3 Scheiben Weißbrot ohne
Rinde
Salz
schwarzer Pfeffer aus der
Mühle
3 EL kaltgepreßtes Olivenöl
3 EL Sherry-Essig
¼ Liter Eiswasser

Tips:
*Zu dieser köstlichen
Sommersuppe kann man
außerdem noch gehackte
hartgekochte Eier, Wal-
nüsse und in Öl knusprig
gebratene Brotwürfelchen
zur Selbstbedienung mit
auf den Tisch stellen. Wer
gerne noch schärfer ißt,
würzt die Suppe mit
Cayennepfeffer oder gibt
eine in dünne Ringe
geschnittene scharfe
Peperoni hinein.*

Gazpacho andaluz
Die Tomaten mit kochendem
Wasser übergießen, kurz stehen
lassen, mit kaltem Wasser abschrecken und pellen. Von den
Tomaten die Stielansätze herausschneiden, die Kerne und die
Flüssigkeit mit einem Teelöffel
herauskratzen und das Tomatenfleisch würfeln. Zwiebel und
Knoblauch schälen. Die Zwiebel
würfeln und den Knoblauch
durchpressen. Paprikaschoten
halbieren. Kerne mit den weißen
Rippen und Stielansätze herausschneiden. Die Schoten abspülen
und in Würfelchen schneiden.
Die Gurke schälen, längs halbieren
und die Kerne mit einem Teelöffel auskratzen. Gurke kleinwürfeln. Jeweils ein Drittel der
Gemüsewürfel separat in Schüsselchen geben und kühl aufbewahren. Das Weißbrot in Wasser
einweichen und ausdrücken. Mit
dem restlichen Gemüse und dem
Knoblauch in einen Mixer geben
und pürieren. Püree mit Salz und
Pfeffer abschmecken, das Öl und
den Essig unterrühren. Die Suppe
mit dem Eiswasser strecken und
zugedeckt im Kühlschrank gut
durchkühlen lassen. Kurz vor
dem Servieren die Suppe durchrühren und erneut abschmecken.
Die Gemüsewürfelchen getrennt

reichen. Jeder gibt sich davon
nach Belieben in seine Suppenportion.
Das Abkühlen der Suppe kann
beschleunigt werden, wenn man
einige Eiswürfel, der Eiswasser-
menge entsprechend, mit dem
Gemüse im Mixer zerkleinert.
Dann jedoch kein weiteres Wasser
mehr zugeben.

*Im heißen Süden Spaniens, in
Andalusien, weiß man der
Sommerhitze mit einer kulinarischen Geheimwaffe zu begeg-
nen, mit der „Gazpacho". Diese
aus verschiedenen Gemüsen
hergestellte kalte Suppe ist
erfrischend, leicht und doch
sättigend. Sie ist einfach und
phantasievoll zugleich. Ursprünglich war die Gazpacho die Suppe
der Landarbeiter aus den Grundzutaten Brot, Olivenöl, Knoblauch und Salz. Jeweils verfüg-
bares Gemüse kam hinzu. Daß
sich – je nach Region – daraus
die unterschiedlichsten Suppen-
variationen entwickelten,
verwundert nicht. Doch zum
Klassiker wurde die hier vor-
gestellte „Gazpacho andaluz".*

PARISER ZWIEBELSUPPE
KÜRBISSUPPE MIT LAUCH

PARISER ZWIEBELSUPPE

1,2 kg milde Zwiebeln
80 g Butterschmalz
Salz
1 gehäufter EL Mehl
3 EL Cognac oder
Weinbrand
½ Liter trockener
Weißwein
schwarzer Pfeffer aus der
Mühle
8 Scheiben Baguette-Brot
100 g geriebener Greyerzer
oder Schweizer Emmentaler

KÜRBISSUPPE MIT
LAUCH

500 g Speisekürbis, eine
Sorte mit kräftig orange-
rotem Fleisch (ohne Schale,
dem wattigen Inneren und
den Kernen gewogen)
300 g Kartoffeln
1 mittelgroße Stange Lauch
30 g Butterschmalz
Salz
schwarzer Pfeffer aus der
Mühle
3 EL Crème fraîche
Für die Brotcroûtons:
4 Scheiben Toastbrot
40 g Butter

PARISER ZWIEBELSUPPE

Soupe à l'oignon

Die Zwiebeln schälen und in
dünne Scheiben schneiden. In
einer großen Kasserolle das
Butterschmalz erhitzen und die
Zwiebeln unter Rühren darin
braten, bis sie sich ganz leicht zu
bräunen beginnen. 2 Teelöffel
Salz überstreuen, das Mehl übersieben und unterrühren. Cognac
und Wein unterrühren und
1 ¼ Liter Wasser zugießen. Die
Suppe bei mittlerer Hitze 20 Minuten kochen. Den Backofen auf
225 °C vorheizen. Die Brotscheibchen leicht braun toasten.
Die Suppe mit Salz und Pfeffer
abschmecken, in ofenfeste
Suppentassen oder Schüsselchen
füllen, mit je 2 Brotscheibchen
belegen, mit Käse bestreuen und
10 Minuten in Ofenmitte überbacken.
Man kann auch die mit Käse
bestreuten Brotscheiben in Suppenteller legen und die heiße
Suppe darübergießen.

*D*er schon legendäre Ruf der
Zwiebelsuppe ging von den
alten Markthallen von Paris aus,
wo sich Nachtschwärmer und
Arbeiter in den frühen Morgen-
stunden in kleinen Lokalen mit
ihrer Hilfe stärkten.

KÜRBISSUPPE MIT LAUCH

Soupe de courge à la mazarguaise

Den Kürbis in Würfel schneiden.
Die Kartoffeln schälen und ebenfalls würfeln. Die Stange Lauch
von den harten grünen Blättern
und dem Wurzelansatz befreien,
die Stange längs halbieren und
unter fließendem kaltem Wasser
abspülen. Den Lauch in feine
Streifchen schneiden – einige
zum Garnieren beiseite legen.
Butterschmalz in einem Suppentopf erhitzen. Die Lauchstreifchen
anbraten, bis sie glasig werden.
Kürbis- und Kartoffelwürfel zugeben und unter Wenden kurz
mitbraten. Ein Liter heißes Wasser zugießen, mit Salz und Pfeffer
würzen. Das Gemüse bei Mittelhitze 30 Minuten kochen. Alles
mit dem Mixstab pürieren oder
durch ein Sieb streichen. Die
Crème fraîche unterrühren und
die Suppe vor dem Servieren
erneut abschmecken.
Die Toastscheiben in Würfelchen
schneiden. Die Butter in der
Pfanne erhitzen und das Brot
darin knusprig braun braten. Auf
jede Suppenportion einige Lauch-
streifen und Brotcroûtons
streuen und sofort servieren.

ROTE-BETE-KOHLSUPPE

500 g mageres Suppen-
fleisch vom Rind
2–3 Suppenknochen
Salz
1 mittelgroße Möhre
1 große Rote Bete
1 Petersilienwurzel
1 mittelgroße Zwiebel
¼ mittelgroßer Weißkohl
25 g durchwachsener
Speck
20 g Butterschmalz
4 mittelgroße Kartoffeln
3 Knoblauchzehen
1½ EL Weißweinessig
1 EL Zucker
1 gute Messerspitze
gemahlener Piment
schwarzer Pfeffer aus
der Mühle
3 Lorbeerblätter
2 mittelgroße Tomaten
½ Bund glatte Petersilie
150 g saure Sahne

Borschtsch

Das Rindfleisch und die Knochen kalt abspülen und mit 1½ Liter Wasser und einem Teelöffel Salz zum Kochen bringen. Den Schaum abheben und das Fleisch 2 Stunden bei sanfter Mittelhitze zugedeckt garen. Die Möhre, die Rote Bete, die Petersilienwurzel und die Zwiebel schälen und fein würfeln. Den Weißkohl gründlich abspülen und die Blätter in kleine Stücke schneiden. Den Speck sehr fein würfeln und in einem Suppentopf auslassen. Das Butterschmalz zugeben und das Gemüse unter ständigem Wenden eine gute Minute anbraten. ⅛ Liter von der Brühe zugeben und das Gemüse bedeckt bei Mittelhitze 10 Minuten garen. Das Suppen-fleisch und die Knochen aus der Brühe nehmen. Diese durch ein Sieb zu dem gegarten Gemüse gießen. Das Suppenfleisch in Stückchen schneiden und dazu-geben. Kartoffeln schälen und klein würfeln. Den Knoblauch schälen und durch die Knoblauch-presse drücken. Kartoffeln und Knoblauch in die Suppe geben. Diese mit Essig, Zucker, einem Teelöffel Salz, Piment, Pfeffer und Lorbeer würzen. 20 Minuten bei sanfter Hitze kochen, bis die Kartoffeln weich sind. Tomaten

abspülen, halbieren, Stielansätze herausschneiden und das Frucht-fleisch würfeln. Die Petersilie abspülen und die Blättchen hacken. Tomaten und Petersilie in die Suppe rühren und noch 10 Minuten mitgaren. In jeden Borschtsch-Teller kommt ein Klecks saure Sahne, der unter die Suppe gerührt wird.

R ote Bete und Weißkohl sowie „smetane", saure Sahne, sind feste Bestandteile dieser berühm-ten Suppe. Sie stammt aus der Ukraine, wird aber auch in den angrenzenden Republiken zu-bereitet. Jede Region besitzt ihre Variante. In Kiew kommen Hammelfleisch, weiße Bohnen und saure Äpfel mit hinein; östlich davon, in Potawa, bereitet man sie mit Gänse- oder Enten-fleisch zu und gibt noch Buch-weizenklößchen hinein; in Lwow, nahe der polnischen Grenze, bereichert man sie durch deftige Schweinewürstchen. Der pikant säuerliche Geschmack, der oft auch durch vergorenen Rote-Bete-Saft erzielt wird, ist allen Borschtsch-Arten eigen.

HÜHNERSUPPE GENTER ART

500 g Suppenfleisch vom Kalb
3 Kalbsknochen
1 Bund Suppengrün
Salz
1 Poularde von 1,2 kg
3 mittelgroße Zwiebeln
3 mittelgroße Stangen Lauch
½ Staude Bleichsellerie
40 g Butter
3 große Kartoffeln
2 Möhren
schwarzer Pfeffer aus der Mühle
2 Eigelb
4 EL Crème fraîche
1 TL Speisestärke
1 Bund krause Petersilie
50 g frischer Kerbel

Tip:
Gut schmecken zu dieser Suppe mit Kräuterbutter bestrichene und im Backofen knusprig gebackene Scheibchen vom Baguettebrot.

Waterzooi à la gantoise
Das Suppenfleisch und die Knochen abspülen und in einen Suppentopf geben. Das Suppengrün putzen, abspülen und darauflegen. 2 Liter Wasser zugießen und einen Teelöffel Salz zufügen. Alles zum Kochen bringen. Den sich bildenden Schaum mit der Schaumkelle entfernen. Bei Mittelhitze in einer Stunde eine Brühe kochen. Knochen, Suppengemüse und Suppenfleisch (man kann es später für einen Fleischsalat verwenden) aus der Brühe nehmen. Die Poularde außen und innen kalt abspülen, bei sanfter Hitze in 45 bis 60 Minuten in der Brühe garen. Poularde aus der Brühe nehmen, das Fleisch von den Knochen lösen, häuten und beiseite stellen. Zwiebeln schälen, fein würfeln. Vom Lauch nur die weißen Teile verwenden. Wurzelansätze abschneiden, Stangen längs halbieren, unter fließendem kaltem Wasser abspülen und den Lauch in feine Streifchen schneiden. Die Selleriestangen abspülen und fein würfeln. In einer Pfanne die Butter erhitzen und das Gemüse unter Wenden 2 bis 3 Minuten anschmoren, dann in die Brühe geben und zum Kochen bringen. Kartoffeln und Möhren schälen, fein würfeln

und zufügen. Das Gemüse in etwa 20 Minuten weich kochen. Die Suppe mit Salz und Pfeffer abschmecken. Eigelb in eine Schüssel geben. Crème fraîche und Speisestärke zugeben und alles mit dem Schneebesen gründlich verrühren. Die Suppe vom Herd nehmen und leicht abkühlen lassen, dann die Eiermischung unterrühren. Die Kräuter abspülen, hacken und unter die Suppe rühren. Poulardenstücke hineinlegen. Die Suppe nochmals abschmecken, kurz erhitzen, aber nicht mehr aufkochen und servieren.

*D*ie „Waterzooi" ähnelt eigentlich mehr einem üppigen Eintopf als einer Suppe. Sie wird in zwei Versionen zubereitet: An der Küste im Bereich von Ostende als „Fisch-Waterzooi" mit verschiedenen Nordseefischen und Aal, abgerundet mit Wein oder Bier, gewürzt mit Sellerie, Lorbeerblatt und Petersilie; hinter der Küste, vor allem in der mittelalterlichen Stadt Gent, als „Huhn-Waterzooi" mit Gemüse, verfeinert mit Eigelb und Rahm.*

GEMÜSESUPPE
KALTE ROTE-BETE-SUPPE

GEMÜSESUPPE

7 g getrocknete Steinpilze
200 g grüne Tiefkühl-
Bohnen oder frische
100 g Tiefkühl-Erbsen
oder frische
1 große Möhre
125 g Hühnerherzen
30 g Butter
40 g Graupen
300 g Kartoffeln
300 g saure Sahne oder
Crème fraîche
Salz
schwarzer Pfeffer aus der
Mühle
½ Bund Dill

KALTE ROTE-BETE-SUPPE

200 g Rote Bete
Weißweinessig
Salz
Zucker
1 Salatgurke
1 Bund Frühlingszwiebeln
1 Bund Radieschen
300 g vorgegarte und
geschälte Garnelen
150 g saure Sahne
schwarzer Pfeffer aus der
Mühle
1 Bund Dill
1 Zitrone
2 hartgekochte Eier

GEMÜSESUPPE

Krupnik

Die getrockneten Pilze mit warmem Wasser bedeckt 2 Stunden einweichen, in ein Sieb geben, das Wasser aufbewahren. Die Pilze fein hacken. Die Bohnen und Erbsen mit den Pilzen in einen Suppentopf geben. Die Möhre schälen und fein würfeln. Die Hühnerherzen halbieren, abspülen, Fett und Röhren abschneiden. Die Herzen mit den Möhren in den Suppentopf geben. Pilzbrühe mit Wasser auf einen Liter auffüllen, mit in den Suppentopf geben und alles zum Kochen bringen. Bei sanfter Hitze 20 Minuten garen, dann in ein Sieb gießen. Die Brühe auffangen und zurück in den Topf geben. Butter in einer Pfanne erhitzen und die Graupen darin eine Minute anbraten, dann in die Brühe geben und 10 Minuten köcheln. Kartoffeln schälen und würfeln. Nach den 10 Minuten zu den Graupen geben und beides 15 bis 20 Minuten sanft kochen. Gemüse und Hühnerherzen zugeben und die Suppe mit Salz und Pfeffer abschmecken. Saure Sahne mit feingehacktem Dill in ein Schüsselchen füllen. Bei Tisch rührt sich jeder etwas Dill-Sahne in seine Suppe.

KALTE ROTE-BETE-SUPPE

Chłodnik

Rote Bete dünn schälen und grob raspeln. Mit einem Liter Wasser in einen Suppentopf geben und ohne Deckel bei Mittelhitze 10 Minuten kochen. Hitze herunterschalten, einen Eßlöffel Essig, einen Teelöffel Salz und ½ Teelöffel Zucker unterrühren, und die Rote Bete 30 Minuten ziehen lassen. Dann in ein Sieb geben, die Flüssigkeit auffangen. Die Gurke schälen, längs halbieren, die Kerne herausschaben und das Gurkenfleisch fein würfeln. Die Frühlingszwiebeln putzen, die zarten Teile abspülen und in feine Ringe schneiden. Die Radieschen putzen, waschen und in dünne Scheiben schneiden. Die Garnelen in ein Sieb geben und abbrausen. In die abgekühlte Rote-Bete-Flüssigkeit die saure Sahne rühren, die vorbereiteten Zutaten hineingeben und die Suppe nach Belieben mit wenig Essig, Zucker, Salz und Pfeffer abschmecken, kühlstellen. Vor dem Servieren die Suppe mit gehacktem Dill bestreuen. Dazu Zitronenachtel zum Nachwürzen und gehackte Eier zum Bestreuen servieren.

GRÜNE SUPPE

250 g Kohlrabi- oder
Blumenkohlblätter
150 g spanische, mit Knoblauch und Paprika gewürzte
Wurst (chorizo), ersatz-
weise ungarische Paprika-
salami
500 g mehlig kochende
Kartoffeln
Salz
3 EL kaltgepreßtes Olivenöl
schwarzer Pfeffer aus der
Mühle

Caldo verde
Die Kohlblätter gründlich waschen
und abtropfen lassen. Schlechte
Stellen und dicke Rippen herausschneiden, die Stiele entfernen.
Die Blätter, je nach Größe, halbieren oder vierteln, zusammenfassen und in dünne Streifchen
schneiden. Die Wurst mit einem
spitzen Messer mehrmals einstechen und in einen kleinen
Topf geben. Wurst mit Wasser
bedeckt zum Kochen bringen. Bei
sanfter Hitze 15 Minuten garen,
aus der Brühe nehmen und
beiseite stellen. Die Brühe mit
Wasser auf 1 ¼ Liter auffüllen
und in einen Suppentopf gießen.
Die Kartoffeln schälen und
würfeln, in den Topf mit Brühe
und Wasser geben, zum Kochen
bringen und bei Mittelhitze
15 Minuten garen, bis sie sich
zerdrücken lassen. Kartoffeln mit
dem Kartoffelstampfer oder dem
Pürierstab pürieren. Einen Teelöffel Salz und das Olivenöl in die
Suppe rühren. Das Gemüse hineingeben und bei guter Mittelhitze
5 bis 8 Minuten garen. Die Wurst
in Scheibchen schneiden und auf
vorgewärmte Suppenteller verteilen. Suppe mit Salz und Pfeffer
abschmecken und sehr heiß über
die Wurstscheiben in die Teller
füllen.

In Portugal ißt man zu diesem
Gericht Maisbrot. Aber auch eine
Scheibe gutes dunkles Bauernbrot
schmeckt hervorragend dazu.

*D*ie „Caldo verde" ist die be-
liebteste Suppe Portugals.
*Sie wird in allen Provinzen zu-
bereitet und fehlt auf keiner
Restaurant-Speisekarte. Vor allem
jedoch dient sie den Leuten auf
dem Land als Stärkung zwischen
den Hauptmahlzeiten. Die eigent-
liche Heimat dieser Suppe ist der
rauhe Norden, wo hauptsächlich
das für sie benötigte und mit
dem Raps verwandte Gemüse
wächst, „couves" heißt es auf
Portugiesisch. Seine Blätter
schmecken wie Kohlrabi- oder
Blumenkohlblätter. Bei einem
netten Gemüsehändler bekommt
man diese bei uns umsonst.
Im Norden ist auch der „vinho
verde", der trockene Wein, zu
Hause, der vorzüglich zu der
Suppe paßt.*

FLEISCH-GEMÜSE-SUPPE

500 g Suppenfleisch
1 Markknochen
2 Lorbeerblätter
1 große Möhre
1 Lauchstange
1/4 Sellerieknolle
60 g Butter
Salz
100 g Räucherspeck
1 große Zwiebel
1 1/2 EL Tomatenmark
2 Salzgurken
2 mittelgroße Tomaten
1 EL Kapern
2–3 EL Zitronensaft
schwarzer Pfeffer aus der
Mühle
2 Bockwürstchen
2 polnische Würstchen
je 1/2 Bund Petersilie und
Dill
150 g saure Sahne

Tip:
*Soljanka gibt es in unter-
schiedlichen Spielarten.
Bei dieser Version können
noch Oliven oder mari-
nierte Pilze mit hinein-
gegeben werden. Man kann
verschiedene Fleischarten
sowie Geflügel, Wild, Zunge
und Innereien verwenden.
Je nachdem, was verfügbar
ist. Soljanka auf Fischbasis
mit Sauerkraut und Kartoffeln ist auch nicht zu verachten. Die typische
geschmackliche Note ver-
leihen allen Varianten
Salzgurken, Kapern und
Tomatenmark.*

Soljanka
Suppenfleisch und Markknochen
abspülen und mit den Lorbeerblättern und 1 3/4 Litern Wasser in
einen Suppentopf geben und zum
Kochen bringen. Schaum, der sich
bildet, abschöpfen. Das Fleisch
bei Mittelhitze eine Stunde
garen. Die Möhre schälen und in
Scheibchen schneiden. Die Lauchstange vom Wurzelansatz und
den harten grünen Blättern
befreien, gründlich abspülen und
in Streifchen schneiden. Den
Sellerie schälen und fein würfeln.
Die Hälfte der Butter in einer
Pfanne erhitzen und das Gemüse
darin anbraten. Die fertige Brühe
durch ein Sieb gießen, das Fleisch
beiseite legen. Das Mark aus den
Knochen lösen und mit einer
Gabel pürieren. Die Brühe und
das Knochenmark zurück in den
Suppentopf geben und das an-
geschmorte Suppengemüse sowie
einen Teelöffel Salz zufügen.
Alles 20 Minuten kochen. Den
Speck in kleine Würfel schneiden,
die Zwiebel schälen und würfeln.
Die restliche Butter in der Pfanne
schmelzen und den Speck mit
den Zwiebeln darin glasig braten.
Das Tomatenmark mit einigen
Löffeln Brühe glattrühren und zu
Speck und Zwiebeln geben. Die
Mischung zu der Suppe gießen

und 10 Minuten sanft mitkochen.
Die Salzgurken in Scheibchen
schneiden. Die Tomaten mit
kochendem Wasser übergießen,
kurz stehen lassen, pellen und
das Tomatenfleisch würfeln.
Gurken, Tomaten und Kapern in
die Suppe rühren. Diese mit
Zitronensaft, Salz und Pfeffer
abschmecken. Kurz vor dem
Servieren das Suppenfleisch von
Fett und Sehnen befreien und
würfeln. Die Würstchen in Scheiben schneiden und alles in der
Suppe erhitzen. Petersilie und
Dill abspülen, Wasser abschütteln
und die Blättchen hacken. Die
Kräuter in die Suppe rühren.
Saure Sahne in einem Schüsselchen bereitstellen, jeder rührt
sich bei Tisch einen Eßlöffel
davon in seine Portion.

*Suppen spielen in der traditio-
nellen russischen Küche eine
wichtige Rolle. Die „Soljanka"
ist neben „Borschtsch" (Rezept
Seite 40) eine der beliebtesten,
nicht selten werden zu besonderen Festlichkeiten beide serviert.*

GRÜNE ERBSENSUPPE

500 g getrocknete grüne
Schälerbsen
500 g Schälrippe vom
Schwein
150 g gepökelter durch-
wachsener Speck
2 Lorbeerblätter
400 g vorwiegend fest-
kochende Kartoffeln,
z.B. Bintjes
1 große Stange Lauch
100 g Knollensellerie
1 Petersilienwurzel
Grün von 1 Selleriestengel
Salz
1 TL getrocknetes Bohnen-
kraut
schwarzer Pfeffer aus der
Mühle
300 g geräucherte Knob-
lauchwurst
1 Bund krause Petersilie

Tip:
Sogenannte Schälerbsen
werden nicht eingeweicht,
wie das sonst bei getrock-
neten Hülsenfrüchten
üblich ist. Und weil sie
geschält sind, also keine
Häutchen besitzen, zer-
kochen sie leichter und
machen die Suppe schön
sämig. Sie setzt aber auch
leichter an, deshalb nur
sanft kochen lassen und
zwischendurch immer
wieder einmal umrühren.

Groene Erwtensoep
Die Erbsen in ein Sieb geben, mit
kaltem Wasser abspülen und in
einen Suppentopf schütten. Die
Rippchen und den Speck mit den
Lorbeerblättern dazugeben.
2 Liter Wasser in den Topf füllen
und alles bei starker Hitze zum
Kochen bringen. Den sich bildenden Schaum mit der Schaumkelle
abheben. Auf sanfte Hitze schalten
und unter gelegentlichem Rühren
Erbsen und Fleisch 1 1/2 Stunden
kochen. Kartoffeln schälen und in
Würfel schneiden. Lauch gründlich waschen, weiße und hellgrüne
Teile in Streifen schneiden. Das
Selleriestück und die Petersilienwurzel schälen und würfeln, die
abgespülten Sellerieblätter hacken.
Gemüse in den Suppentopf geben
und mit 1 bis 1 1/2 Teelöffeln Salz
würzen. Die Suppe in 30 Minuten fertigkochen. Das Fleisch und
den Speck aus dem Topf nehmen
und kurz abkühlen lassen. Bohnen-
kraut und reichlich Pfeffer in die
Suppe rühren und diese erneut
abschmecken. Ist sie zu dick,
noch 1/8 bis 1/4 Liter Wasser
unterrühren. Von den Rippchen
das Fleisch lösen und in Stücke
schneiden. Vom Speck die
Schwarte abschneiden und das
übrige würfeln. Die Wurst pellen
und in Scheibchen schneiden.

Alles in die Suppe geben und
10 Minuten darin erhitzen.
Petersilie abspülen, die Blättchen
hacken und vor dem Servieren
auf die Suppe streuen.

D ie holländische Küche ist
deftig, und die grüne Erbsen-
suppe eine ihrer typischsten Ver-
treterinnen. Man bekommt sie
zwar auch in den ländlichen
Restaurants, doch selbstgekocht
schmeckt sie immer noch am
besten, weil dann auch die Ein-
lage reichlicher ausfällt. Wer sich
so einen ordentlichen Topf
Erbsensuppe kocht, sollte ruhig
ein bißchen mehr zubereiten.
Denn aufgewärmt schmeckt das
Gericht fast noch besser.

DREIERLEI TAPAS

KALBSNIEREN IN SHERRY
1 Kalbsniere von 500 g
3 Schalotten
2 Knoblauchzehen
3 EL Olivenöl
1 kleine getrocknete
Chilischote
1 Lorbeerblatt
1/8 Liter trockener Sherry
Salz, schwarzer Pfeffer aus
der Mühle
1 Bund glatte Petersilie

GARNELEN IN
KNOBLAUCHÖL
300 g vorgegarte, geschälte
Garnelen
3 Knoblauchzehen
10 EL Olivenöl
2 kleine getrocknete
Chilischoten
Salz

MARINIERTE
MIESMUSCHELN
500 g große Miesmuscheln
1/8 Liter trockener
Weißwein
1 EL schwarze Pfeffer-
körner
Salz
2 EL Zitronensaft
je 1/2 rote und grüne
Paprikaschote
2 Schalotten
1/2 Bund Petersilie
4 EL Olivenöl

KALBSNIEREN IN SHERRY
Rinones al Jerez
Die Kalbsniere häuten, längs halbieren, Fett und weiße Röhrchen
heraustrennen. Niere gründlich
abspülen und abtrocknen, dann
quer in Scheibchen schneiden.
Schalotten und Knoblauch
schälen und fein würfeln. Öl in
einer Pfanne erhitzen und die
Nieren portionsweise schnell
anbraten, herausnehmen und
beiseite stellen. Schalotten, Knoblauch, Chilischote und Lorbeerblatt im Öl anschmoren, mit
Sherry ablöschen. Fleischsaft von
den Nieren zugeben und alles
eine Minute einkochen. Lorbeerblatt und Chilischote herausnehmen, die Sauce mit Salz und Pfeffer abschmecken. Die Nieren hineingeben und erhitzen. Petersilie
abspülen, die Blättchen hacken
und unter die Nieren mischen.

GARNELEN IN KNOBLAUCHÖL
Gambas pilpil
Die Garnelen kalt abspülen und
zwischen Küchenpapier trocknen.
Knoblauch schälen. Olivenöl in
einer Pfanne erhitzen, Knoblauch
hineingeben und mit einer Gabel
zerdrücken. Chilischote zugeben
und die Zutaten anbraten. Knoblauch und Chili aus dem Öl nehmen. Garnelen im heißen Öl
unter Wenden eine Minute braten, mit dem Öl in einem vorgewärmten Schüsselchen servieren.

MARINIERTE MIESMUSCHELN
Mejillones vizcaina
Die Muscheln unter fließendem
Wasser gründlich säubern, geöffnete wegwerfen. Wein mit den
Pfefferkörnern aufkochen, darin
die Muscheln zugedeckt 3 Minuten bei starker Hitze kochen, bis
sie sich geöffnet haben.
Muscheln herausnehmen, den
Sud auf die Hälfte einkochen,
durchsieben und mit Salz und
Zitronensaft würzen. Von den
Muscheln die leeren Schalen-
hälften abbrechen. Die gefüllten
auf eine Platte legen. Paprika
abspülen, Kerne entfernen und
die Schoten sehr klein würfeln.
Schalotten schälen und feinwür-
felig schneiden. Petersilie abspülen und die Blättchen fein
hacken. Alles mit dem Öl unter
den Sud mischen und auf den
Muscheln verteilen, eine Stunde
durchziehen lassen.

*B ei diesen Vorspeisen handelt
es sich um „tapas", kleine
Gerichte, die man in einer Bar zu
Sherry oder Wein genießt.
Die besten soll es in Andalusien
geben.*

MARINIERTE ROHE RINDFLEISCHSCHEIBEN

200 g gut abgehangenes
Rinderfilet
6 EL kaltgepreßtes Olivenöl
100 g tadellose Champi-
gnons oder Egerlinge
Saft von 1 Zitrone
½ Bund frisches Basilikum
50 g alter Pecorino oder
Parmesan am Stück
Salz
grob gemahlener schwarzer
Pfeffer

Für die Beilage:
frisches, knuspriges
Toskanabrot oder Baguette

Carpaccio

Für dieses berühmte Gericht ist bestes, gut abgehangenes Rinderfilet erforderlich. Man sollte es rechtzeitig beim Fleischer bestellen.

Eine Stunde vor der Zubereitung das Rinderfilet in Frischhaltefolie einwickeln und im Tiefkühlfach leicht anfrieren lassen. 4 große Eßteller dünn mit Olivenöl einpinseln. Das leicht angefrorene Filet mit einem sehr scharfen Fleischmesser oder einem Elektromesser in hauchdünne Scheiben schneiden. Man kann die Scheiben dann auf Folie legen und mit der glatten Seite des Fleischklopfers vorsichtig noch dünner klopfen. Die Scheiben flach nebeneinander auf den Tellern ausbreiten. Von den Champignons die Wurzelansätze abschneiden. Falls die Pilze nicht zu schmutzig sind, nur mit Küchenpapier säubern. Sonst kurz mit kaltem Wasser abbrausen und vorsichtig zwischen Küchenpapier trocknen. Pilze in sehr dünne Scheiben schneiden, mit wenig Zitronensaft beträufeln und auf dem Fleisch verteilen. Basilikumblättchen abzupfen und dekorativ auf die Scheiben legen. Den Pecorino mit dem Gurkenschneider darüberhobeln. Alles

mit etwas Salz und grob gemahlenem Pfeffer bestreuen. Zitronensaft unter das restliche Olivenöl rühren und in einem Schüsselchen mit auf den Tisch stellen. Nach Belieben kann sich jeder davon etwas auf die Fleischscheiben träufeln.

Als Getränk paßt zum Carpaccio ein leichter italienischer Rotwein, ein Barbaresco zum Beispiel, oder ein trockener Weißwein aus dem Piemont, der Heimat dieses Gerichtes. Ein trockener Spumante, ein italienischer Sekt, mundet jedoch auch zu dieser delikaten Vorspeise.

Diese ungewöhnliche Spezialität soll eine Erfindung des Signor Cipriani sein, Besitzer der legendären Harry's Bar in Venedig. Er bereitete sie für eine Engländerin zu und nannte das Gericht nach Vittorio Carpaccio (gestorben um 1525), einem italienischen Maler und Darsteller des zeitgenössischen venezianischen Lebens. Aber auch im Piemont ist dieses Gericht seit langem bekannt und wird einfach „carne cruda", rohes Fleisch, genannt.

LEBER ALBANISCHE ART
SCHAFSKÄSERÖLLCHEN

LEBER ALBANISCHE ART
500 g Kalbs- oder Lamm-
leber
3 EL Mehl
8 EL Sonnenblumenöl
Salz
schwarzer Pfeffer aus
der Mühle
1 Messerspitze Cayenne-
pfeffer
4 rote Zwiebeln
1 Bund glatte Petersilie
1 gestrichener TL Sumak
(türkisches Salatgewürz)

SCHAFSKÄSERÖLLCHEN
200 g in Lake eingelegter
Schafskäse
1 Bund glatte Petersilie
1 Bund Dill
1 TL getrocknete Minze
2 große Scheiben Yufka
(Strudelteig aus dem türkischen Lebensmittelladen)
Sonnenblumenöl zum Aus-
backen

Tip:
Diese beiden kleinen
Gerichte werden am
Bosporus gerne zu „Rakı",
zu mit Eiswasser ver-
dünntem Anisschnaps,
gegessen. Man kann auch
noch Tomaten- und
Gurkenstücke, knackige
Salatblätter und lange,
dünne Möhrenstifte, die
mit Zitronensaft beträufelt
sind, dazu reichen.

LEBER ALBANISCHE ART
Arnavut ciğeri
Von der Leber Häutchen und
Sehnen vorsichtig abschneiden.
Leber in 3 cm lange und 1,5 cm
breite Stückchen schneiden. Das
Mehl auf einen großen Teller
sieben und die Leberstücke darin
wälzen. Überschüssiges Mehl
abschütteln. In einer Pfanne das
Öl erhitzen und die Leberstücke
rasch rundum knusprig braun
braten. Auf Küchenpapier entfetten. Mit Salz, Pfeffer und Cayennepfeffer bestreuen und warm
stellen. Die Zwiebeln schälen, in
feine Ringe schneiden, mit
$\frac{1}{2}$ Teelöffel Salz bestreuen und
mit der Hand leicht kneten.
Petersilie abspülen. Die Hälfte
der Blätter fein hacken und unter
die Zwiebeln mischen. Den
Sumak überstreuen. Die Leber
auf einer Platte mit den Zwiebeln
daneben anrichten, mit der
übrigen Petersilie garnieren. Die
Leber kann sowohl warm als auch
kalt gegessen werden.

SCHAFSKÄSERÖLLCHEN
Sigara böreği
Den Schafskäse in eine Schüssel
bröckeln. Petersilie und Dill
abspülen, das Wasser abschütteln
und die Blättchen fein hacken.
Die Kräuter, auch die getrocknete
Minze, zu dem Käse geben und
alles gut mit der Gabel vermischen. Dabei 2 Eßlöffel Wasser
zufügen. Den Strudelteig vorsichtig auseinanderfalten und auf
einer Arbeitsfläche ausbreiten.
Die Platten sollen aufeinander
liegenbleiben. Eine Untertasse
mit Wasser füllen und bereitstellen. Mit einem scharfen
Messer die Strudelteigplatten
vierteln. Jedes Viertel wie Torten-
stücke nochmal in drei Teile
schneiden. Auf die äußere ab-
gerundete Seite einen Teelöffel
Schafskäse geben und das Teig-
stück einzeln wie eine Zigarette
bis zur Spitze hin aufrollen. Die
Innenseite der Spitze in Wasser
tauchen und an der Teig-Zigarette
festkleben. Alle Teigstücke auf
diese Art füllen und einrollen. In
einer mittelgroßen Pfanne zwei
Finger hoch Öl gießen und erhitzen. Die Röllchen darin knusprig
braun fritieren, auf Küchenpapier
entfetten und heiß servieren.

Pasteten
mit Kürbis gefüllt

Für etwa 12 Stück

Für die Füllung:
600 g orangeroter Gemüse-
kürbis (geschält und ent-
kernt gewogen)
4 EL Bulgur (vorgegarter,
geschroteter Weizen)
3 EL Zucker
50 g Rosinen
1 TL Zimtpulver
Salz
schwarzer Pfeffer aus der
Mühle
1/2 TL gemahlener Piment

Für den Teig:
400 g Mehl
Salz
70 ml Sonnenblumenöl
und Öl für das Blech
1 EL Zitronensaft

Kolokotes

Für die Füllung: Am Vortag das
Kürbisfleisch in kleine Würfel
schneiden und in eine Schüssel
geben. Den Bulgur in einem Sieb
kalt abspülen, Wasser abschütteln
und den Bulgur zum Kürbis
geben. Den Zucker, die Rosinen,
den Zimt, 1/2 Teelöffel Salz, reichlich schwarzen Pfeffer und
Piment unterrühren. Schüssel
zudecken und die Füllung
24 Stunden durchziehen lassen.
Für den Teig: Am nächsten Tag
das Mehl in eine Schüssel sieben
und mit einem Teelöffel Salz vermischen. Eine kleine Mulde hin-
eindrücken und das Öl und den
Zitronensaft sowie 75 ml Wasser
hineingießen. Von der Mitte aus
die Flüssigkeit mit dem Mehl verkneten, bis ein fester, elastischer
Teig entstanden ist. Diesen zu
einer Kugel formen und in Klar-
sichtfolie eingewickelt 45 Minuten ruhen lassen. Dann den Teig
nochmals 5 Minuten durch-
kneten, eine Rolle formen, diese
in 3 Stücke teilen und sie nacheinander 3 mm dick ausrollen.
Kreise von etwa 15 cm Durchmesser (mit einem Glas) ausstechen. Jeden Kreis mit wenig
kaltem Wasser einpinseln und
mit je 1 1/2 Eßlöffeln von der
Füllung belegen, in der Mitte

zusammenfalten. Die Ränder der
Halbmonde mit den Zinken einer
Gabel gut zusammendrücken,
damit sie sich beim Backen nicht
öffnen. Backofen auf 200 °C vorheizen. Ein großes Blech mit Öl
einpinseln und die Pasteten darauflegen. Sie werden in Ofenmitte
25 bis 30 Minuten goldbraun
gebacken.

*D*iese kleinen Pasteten sind
auf Zypern sehr beliebt, doch
außerhalb der Insel kaum bekannt. Man ißt sie hauptsächlich
zum Frühstück und vor allem im
Winter. Die Hauptzutat für die
„Kolokotes", der Kürbis, bleibt
lange haltbar und steht praktisch
während der ganzen kalten
Jahreszeit zur Verfügung.

KAVIARPASTE
KARTOFFEL-PASTE

KAVIARPASTE
150 g trockenes Weißbrot
100 g gepreßter roter
Kaviar (taramo) aus dem
griechischen Lebensmittelladen
100 ml Sonnenblumenöl
Saft von 1 Zitrone
Zum Garnieren:
Dill und Zitronenachtel

KARTOFFEL-PASTE
400 g vorwiegend fest-
kochende Kartoffeln
2–3 Knoblauchzehen
50 g geschälte, geriebene
Mandeln
6 EL kaltgepreßtes Olivenöl
6–8 EL Fleischbrühe
(Instant)
Salz
2 EL Zitronensaft
Zum Garnieren:
1 dünne milde oder scharfe
Peperoni, einige Oliven
und Petersilienblättchen

KAVIARPASTE
Taramosaláta
Das Brot in etwas warmem Wasser
einweichen und mit den Händen
gut ausdrücken. Mit dem Kaviar
in ein nicht zu feines Haarsieb
geben, mit dem Rücken eines
Holzlöffels durch das Sieb drücken
und verrühren. Jetzt wie bei der
Herstellung einer Mayonnaise
mit dem Schneebesen nach und
nach das Öl unterrühren, und die
Paste zuletzt mit dem Zitronensaft abschmecken. Die Paste eine
Stunde in den Kühlschrank
stellen und mit Dillspitzen und
Zitronenachteln garniert servieren.

*Die griechischen Vorspeisen,
die „Mezethakia", sind
durch Urlaubsreisen und die
vielen griechischen Restaurants,
die es bei uns gibt, berühmt
geworden. Und das mit Recht,
denn nichts fördert mehr die
Geselligkeit als ein Abend mit den
vielen kleinen kalten und warmen
Gerichten einer Mezethakia-
Tafel. Diese beiden delikaten
Pasten gehören dazu, wie auch
griechischer Bauernsalat und
„Tzatziki" (Rezept Seite 156).
Man ißt dazu Weißbrot und
trinkt „Ouzo", den Anisschnaps,
oder einen griechischen Wein.*

KARTOFFEL-PASTE
Skordaliá mé patates
Die Kartoffeln mit Wasser bedeckt kochen, bis sie weich sind.
Dann abgießen, mit kaltem Wasser abschrecken, abkühlen lassen
und pellen. Die Kartoffeln durch
ein Haarsieb oder durch die
Kartoffelpresse in eine Schüssel
drücken. Die Knoblauchzehen
schälen und durch die Knoblauchpresse zu den Kartoffeln
drücken. Die Mandeln zugeben
und alles vermischen. Mit dem
Schneebesen nach und nach
Olivenöl und so viel Fleischbrühe
unterrühren, bis ein geschmeidi-
ges Püree entstanden ist. Die
Paste mit Salz und Zitronensaft
abschmecken und eine Stunde
kühl stellen. Zum Dekorieren die
Peperoni abspülen, die Kerne
entfernen. Peperoni abtrocknen
und in sehr dünne Ringe schneiden. Vor dem Servieren die Paste
mit den Peperoniringen, den Oliven und den Petersilienblättchen
appetitlich anrichten.

BUCHWEIZEN-PFANNKUCHEN

150 g Weizenmehl
150 g Buchweizenmehl
½ Würfel Hefe
2 Eier
125 g weiche Butter
Salz
1 TL Zucker
⅛ Liter Milch

Zum Belegen:
1 Becher saure Sahne oder
Crème fraîche
1 Döschen roter Lachs-
oder Forellen- oder echter
schwarzer Beluga-Kaviar
200 g Lachs
4 Matjes- oder Herings-
filets

Zum Garnieren:
1 Bund frischer Dill

Blini
Das Mehl vermischen und in eine Schüssel sieben. In eine zweite Schüssel ½ Liter lauwarmes Wasser gießen, die Hefe hineinbröckeln und die Hälfte des Mehls mit dem Schneebesen unterrühren. Schüssel zugedeckt an einen warmen Ort stellen und diesen Vorteig eine Stunde gehen lassen. Die Eier in Eigelb und Eiweiß trennen. Den Teig einmal kräftig durchrühren. 40 g Butter erwärmen, mit einem knappen Teelöffel Salz, dem Zucker und dem Eigelb zum Teig geben und gründlich unterrühren. Das restliche Mehl untermischen. Milch lauwarm werden lassen und unter den Teig rühren. Schüssel wieder abdecken und eine Stunde warm stellen. Eiweiß zu steifem Schnee schlagen und unter den Teig heben. Backofen zum Warmhalten auf 50 °C einstellen. In einer kleinen Pfanne ½ Teelöffel Butter erhitzen und eine kleine Suppenkelle von dem Teig hineingeben. Bei nicht zu starker Hitze zuerst von der einen, dann von der anderen Seite unter Zugabe weiterer Butter einen Pfannkuchen von etwa 15 cm Durchmesser backen, auf einen Teller legen, mit etwas Butter einpinseln und zum Warmhalten

in den Backofen stellen. Sind alle Blini gebacken und aufeinandergestapelt, bringt man sie mit dem vorgesehenen Belag zu Tisch. Nach Geschmack gibt jeder ein Löffelchen saure Sahne, Kaviar, Lachsstreifen oder Heringsstücke mit etwas Dill auf seinen Pfannkuchen. Zu Blini trinkt man eisgekühlten Wodka.

Blini sind bei uns immer mit einem Hauch von Luxus umgeben, wohl wegen des Kaviars, mit dem man sie belegt. In der russischen Küche gehören die kleinen Pfannkuchen zu den beliebtesten Teiggerichten, deren Entstehung sich bis in das 9. Jahrhundert zurückverfolgen läßt. Sie herzustellen ist eine Kunst, denn Blini müssen locker, ja fast porös sein. Ob nur mit Butter beträufelt, mit Lachs oder Kaviar belegt, in jeder Version schmecken sie köstlich – übrigens auch süß, mit Konfitüre bestrichen.

GEFÜLLTE FLADEN

Für die Füllung:
300 g vorwiegend fest-
kochende Kartoffeln
Salz
1/4 Liter Milch
1 Ei
20 g Butter

Für den Teig:
300 g Roggenmehl Type
1370 (aus dem Reform-
haus)
zusätzlich Roggenmehl
zum Ausformen
200 g normales Weizen-
mehl
Salz
Öl für das Blech
200 ml Milch
50 g Butter

Für den Belag:
3 hartgekochte Eier
1 Bund glatte Petersilie
125 g weiche Butter
Salz
weißer Pfeffer aus
der Mühle

Tip:
*Die Fladen werden auch
gerne mit in Milch gekoch-
tem Reis gefüllt. Sie sind
zum Frühstück oder als
Zwischenmahlzeit will-
kommen.*

Karjalanpiirakat
Für die Füllung: Die Kartoffeln
schälen, abspülen, vierteln und
mit einem Teelöffel Salz und mit
Wasser bedeckt in etwa 15 Minuten weich kochen. Die Kartoffeln
in ein Sieb geben, die Flüssigkeit
auffangen. Kartoffeln zurück in
den Topf geben. Milch, das Ei
und die Butter sowie eine Prise
Salz zufügen und mit dem Kartoffelstampfer zu einem Püree
verarbeiten. Eventuell noch
etwas Kartoffelwasser zugeben.
Das Püree darf jedoch nicht zu
weich sein.
Für den Teig: Das Mehl mit
1 1/2 Teelöffel Salz in einer großen
Schüssel vermischen. 300 ml
Wasser unterarbeiten und kneten,
bis ein elastischer, formbarer Teig
entsteht. Den Teig zu einer Rolle
formen und diese in 20 bis
22 Stücke schneiden. Etwas Mehl
auf die Arbeitsfläche streuen und
mit bemehlten Händen aus jedem
Stück einen ovalen kleinen
Fladen von etwa 16 cm Länge
und 10 cm Breite drücken. Die
Arbeitsfläche und die Hände
immer wieder einmehlen, damit
der Teig nicht kleben bleibt. Ein
großes Blech mit etwas Öl einpinseln und den Ofen auf 275 °C
vorheizen. Auf jede Teigplatte
2 bis 3 Teelöffel Püree verstrei-

chen, die Ränder 1 1/2 cm breit
rundum darüberschlagen, andrücken und mit Daumen und
Zeigefinger in geringem Abstand
zu kleinen Fältchen zusammendrücken. Die Fladen nebeneinander auf das Blech legen und
10 bis 12 Minuten backen, bis
sie sich leicht zu färben beginnen.
Milch und Butter erhitzen und
nach dem Backen die noch heißen
Piroggen von beiden Seiten damit
gut einpinseln, in eine Schüssel
legen und mit einem Tuch bedecken, dann werden sie weicher.
Vor dem Servieren die Eier
pellen, fein hacken und mit der
abgespülten, feingehackten Petersilie und der Butter sowie etwas
Salz und Pfeffer gut vermischen.
Auf dem Kartoffelbelag 1 bis
2 Teelöffel von der Eibutter verteilen.

*In Finnisch-Karelien mit seinen
endlosen Wäldern und vielen
Gewässern treffen die russische
und die finnische Kultur aufeinander. So sind auch die
Fladen oder Piroggen in dieser
Zubereitungsart nur hier zu
finden. Man kann sie in Karelien
und im Umkreis von Helsinki
auch fertig kaufen und verfeinert
sie zu Hause mit Eibutter.*

Pizza mit Mozzarella und Basilikum

Für 1 großes Backblech
oder 4 runde Pizze von
25 cm Durchmesser

Für den Teig:
¼ Liter lauwarmes Wasser
20 g (½ Würfel) Hefe
400 g Mehl
Salz
4 EL kaltgepreßtes Olivenöl
Olivenöl für das Blech

Für den Belag:
1 kg frische, gut reife
Tomaten
250 g Mozzarella-Käse
Salz
schwarzer Pfeffer aus
der Mühle
6 EL kaltgepreßtes Olivenöl
1 Bund oder 1 Töpfchen
frisches Basilikum

Tip:
*Pizza gibt es in unzähligen
Variationen. Diese ist die
klassischste. Wer die Pizza
Margherita kräftiger liebt,
kann noch gewürfelten
Knoblauch und getrock-
neten Oregano darüber-
streuen. Weitere bekannte
Pizze: Pizza „frutti di mare"
mit Meeresfrüchten; Pizza
„con funghi" mit Pilzen;
Pizza „capricciosa" mit
Schinken, Anchovis und
Artischocken; Pizza
„marinara" mit Anchovis
und Kapern; Pizza
„pugliese" mit Zwiebeln.*

Pizza Margherita
Für den Teig: Das warme Wasser
in eine Schüssel geben. Mit dem
Schneebesen die Hefe darin gut
verrühren, bis sie sich vollständig
aufgelöst hat. Das Mehl in eine
zweite Schüssel sieben und mit
einem Mal auf das Hefewasser
schütten. Salz und Öl daraufgeben und alles schnell verrühren
und verkneten. Den recht weichen Teig mit bemehlten Händen
zu einer Kugel formen, mit etwas
Mehl überpudern und in einer
Schüssel zugedeckt an einem
warmen Platz 20 Minuten gehen
lassen, bis der Teig um zwei Drittel an Umfang zugenommen hat.
Den Backofen auf 275 °C vorheizen und das Backblech dünn mit
Öl einpinseln.
Für den Belag: Die Tomaten
waschen und mit der Haut in
Scheiben schneiden. Die Stielansätze dabei herausschneiden,
das Tomatenwasser ablaufen
lassen. Den Mozzarella in kleine
Würfel schneiden. Den Teig
zusammenkneten und auf Blech-
größe ausrollen (oder für die
4 Pizze ausrollen). Die Tomaten
auf der Pizza verteilen, mit
Mozzarella gleichmäßig belegen,
mit Salz und Pfeffer bestreuen
und mit dem Olivenöl beträufeln.
Basilikumblättchen auseinander-

zupfen und über die Pizza
streuen. Diese in Backofenmitte
12 bis 15 Minuten backen und
sofort servieren.

*Die Kultivierung und Verbrei-
tung der Pizza ging von
Neapel aus. Als Urheber gelten
jedoch die Griechen, die als
Kolonisatoren die „pitta" mit-
brachten. Die Römer machten
daraus „laganum", sparsam
belegte Brotfladen. Doch erst im
17. Jahrhundert erreichte die
Pizza kulinarische Beachtung
und wurde gesellschaftsfähig.
Die Pizza Margherita, eine verfeinerte Form der neapolitani-
schen Pizza, erhielt ihren Namen
nach der Königin Margherita von
Savoyen. Bei einem Besuch in
Neapel wollte sie die Spezialität
probieren. Der beste Pizzabäcker
der Stadt, Raffaele Esposito,
kreierte für sie eine Neuheit in
den italienischen Nationalfarben
Grün, Weiß, Rot. Außer mit
Tomaten belegte er sie noch mit
Basilikum und Mozzarella-Käse.*

Speckpfannkuchen mit Sirup

Für 4 große Pfannkuchen

320 g Mehl
Salz
800 ml Milch
½ Würfel Hefe (20 g)
200 g Frühstücksspeck,
dünn geschnitten
80 g Butterschmalz zum
Ausbraten
Zuckerrohrsirup zum
Beträufeln, ersatzweise
Rübensirup oder Birnen-
dicksaft (Reformhaus)

Tips:
Fast so beliebt wie der
Speckpfannkuchen ist der
Apfelpfannkuchen. Er wird
mit dem gleichen Teig
gebacken. Statt Speck
kommen dünne Apfel-
scheiben hinein, wenn der
Teig sich in der Pfanne
ausgebreitet hat. Bestreut
wird der Apfelpfann-
kuchen mit braunem
Zucker und Zimt. Pfann-
kuchen werden in Holland
in sehr großen Pfannen
gebacken und sind so
mächtig, daß meist einer
reicht. Beim Braten in
einer Normalpfanne kann
man den Teig durch
Drehen der Pfanne am
Rand hochlaufen lassen,
dann wird der Pfann-
kuchen fast so groß wie
ein echter holländischer.

Speckpannekoeken met Stroop
Das Mehl mit ½ Teelöffel Salz in
eine Schüssel sieben. Die Milch
lauwarm erhitzen. Die Hefe hineinbröckeln und mit dem Schneebesen rühren, bis sie sich vollständig aufgelöst hat. Hefemilch
mit dem Schneebesen unter das
Mehl rühren und den Teig zugedeckt an einem warmen Platz
45 Minuten gehen lassen. Die
Speckscheiben in Quadrate von
etwa 4 cm Kantenlänge schneiden, je nachdem wie breit der
Speck ist. Nach den 45 Minuten
den Backofen zum Warmhalten
auf 50 °C einstellen. Eine große
beschichtete Pfanne oder Gußei-
senpfanne gut erhitzen und ein
Viertel vom Speck knusprig
braten. Einen Teelöffel Butterschmalz zugeben und schwenken,
so daß der Pfannenboden mit Fett
bedeckt ist. Ein Viertel der Teig-
menge hineingießen, sofort die
Pfanne anheben und drehen,
damit sich der Teig in der Pfanne
gleichmäßig verteilt. Den Pfannkuchen bei guter Hitze erst von
der einen Seite schön knusprig
braun braten, dann auf einen
Teller gleiten lassen, wieder
einen Teelöffel Butterschmalz in
der Pfanne zerlaufen lassen und
den Pfannkuchen umgedreht von
der anderen Seite braten. Fertige

Pfannkuchen auf einen vorgewärmten Eßteller schieben und
im Backofen warm halten, bis
alle gebraten sind. Bei Tisch läßt
man sich nach Geschmack
Zuckersirup über den Pfannkuchen laufen.

Restaurants, die sich auf
Pfannkuchen spezialisiert
haben, bieten sie in phantasie-
vollen Versionen an: außer mit
Speck und Äpfeln mit Ananas,
Mango und Ingwer, mit Käse und
Schinken, gefüllt mit Kompott
und übergossen mit Schokoladen-
sauce. Während die Pfannkuchen
eine rundum sättigende Mahlzeit
sind, sind die „Poffertjes“ eine
Leckerei zu heißer Schokolade
oder Kaffee. Die winzigen Küch-
lein, eher Happen ähnlich,
werden in Pfannen mit kleinen
runden Vertiefungen gebraten
und mit flüssiger Butter, Puder-
zucker und Sahne in den Cafés
serviert.

BANDNUDELN MIT BASILIKUMPASTE

BASILIKUMPASTE
2 EL Pinienkerne
50 g frische Basilikum-
blätter
2 Knoblauchzehen
100 ml kaltgepreßtes
Olivenöl
Salz
schwarzer Pfeffer aus
der Mühle
80 g frisch geriebener
alter Pecorino oder frisch
geriebener Parmesankäse

BANDNUDELN
300 g Mehl und Mehl zum
Ausrollen
Salz
3 Eier
1 EL Olivenöl

Tips:
*Dieser Teig kann für jede
Nudelform verwendet
werden, wie auch für
Teigblätter oder Teig-
täschchen. Man kann ihn
auch in zwei Teile teilen,
jeden gesondert ausrollen,
die Teigplatten leicht
bemehlt zu einer Roulade
aufwickeln und dann
einen Zentimeter breite
Scheiben abschneiden.
Scheiben aufrollen – fertig
sind die Fettuccine.*

BASILIKUMPASTE
Pesto alla genovese
Die Pinienkerne in der Pfanne
ohne Fett leicht anrösten. Die
Basilikumblättchen grob hacken.
Den Knoblauch schälen und in
Scheibchen schneiden. Alle diese
Zutaten entweder in einen
großen Mörser geben und fein
zerreiben oder im Mixer zerkleinern. Die Mischung in ein
Schüsselchen geben und unter
dauerndem Rühren das Olivenöl
untermischen. Die Basilikumpaste mit Salz und Pfeffer kräftig
abschmecken und zugedeckt
beiseite stellen. Während die
Nudeln garen, Pesto in eine vorgewärmte Schüssel geben und
den Käse hineinrühren.

BANDNUDELN
Fettuccine
Das Mehl in eine große Schüssel
sieben. In die Mitte eine Mulde
drücken und Eier, 1/2 Teelöffel
Salz und Olivenöl hineingeben.
Alles rasch zu einem glatten,
geschmeidigen Teig verarbeiten.
Den Teig gut 5 Minuten kneten
und dabei ab und zu fest auf die
Arbeitsfläche schlagen. Den Teig
in Frischhaltefolie einwickeln
und mindestens eine Stunde
ruhen lassen. Dann den Teig auf
einer leicht bemehlten Fläche

sehr dünn ausrollen und in 1 cm
breite, lange Streifen schneiden.
Bis zum Garen die Nudeln auf
einem leicht bemehlten Küchentuch ausbreiten. In einem großen
Topf reichlich Wasser mit einem
Eßlöffel Salz zum Kochen bringen. Die Hitze herunterschalten
und die Nudeln hineingeben.
Nudeln einmal aufkochen und
4 bis 5 Minuten sieden lassen, in
einem Sieb abgießen. 2 Eßlöffel
von dem Kochwasser zurück-
behalten. Die Nudeln sofort in
eine Schüssel mit der Basilikumpaste und dem Käse geben. Das
Kochwasser zufügen und alles
mit einem Salatbesteck vorsichtig
vermischen. Die Nudeln auf vorgewärmte tiefe Teller verteilen
und sofort servieren.

*Eine Spezialität der liguri-
schen Küste ist Pasta mit
Pesto, und dafür hält jede gute
genuesische Hausfrau einen Blu-
mentopf mit frischem Basilikum
auf dem Balkon bereit. Serviert
wird das Gericht meist mit selbst-
gemachten Nudeln, die schnell
zubereitet sind. Diese schmecken
übrigens auch nur mit Butter und
frisch geriebenem Parmesan
köstlich.*

FISCH, SCHAL- UND KRUSTENTIERE

ÜBERBACKENE JAKOBSMUSCHELN

4 frische Jakobsmuscheln
2 Schalotten
100 g kleine Egerlinge
80 g Butter
1/2 Bund krause Petersilie
2 gestrichene EL Mehl
1/8 Liter trockener
Weißwein
Salz
weißer Pfeffer aus der
Mühle
1 Eigelb
3 EL Paniermehl
1 EL geriebener Emmen-
taler Käse

Tip:
Frische Jakobsmuscheln werden heute bereits vorbereitet vom Fischhändler angeboten, so daß die nicht eßbaren Teile wie die grauen Schleimhäute, die wie ein Rand rund um das Muschelfleisch liegen, entfernt sind. Verwendet werden das weiße Muschelfleisch – genannt Nüßchen – und der orangefarbene Rogen – genannt Corail. Diese vorsichtig voneinander trennen. Der graue Rand kann für Fond verwendet werden. Meist werden die Jakobsmuscheln in ihren attraktiven, gesäuberten Schalen serviert.

Coquilles Saint-Jacques au gratin
1/2 Liter Wasser aufkochen. Das Muschelfleisch und die Rogen 3 Minuten darin blanchieren und abtropfen lassen. Blanchierwasser aufheben. Die gesäuberten Muschelschalen 10 Minuten auskochen. Die Schalotten schälen und sehr klein würfeln. Die Egerlinge, falls sie nicht zu sehr verschmutzt sind, mit Küchenpapier abreiben, sonst abbrausen und abtropfen lassen, dann in Scheibchen schneiden. Den Backofen auf 200 °C vorheizen. Das Muschelfleisch und die Rogen in Stückchen schneiden. In einer Kasserolle die Hälfte der Butter erhitzen, die Schalottenwürfel bei Mittelhitze glasig werden lassen, die Egerlinge zufügen und 5 Minuten schmoren. Die Petersilie abspülen, die Blättchen hacken und unter die Pilze rühren. Das Mehl darüber stäuben und unterrühren, kurz anschwitzen, nach und nach unter Rühren 1/8 Liter vom Blanchierwasser und den Weißwein zugießen. Alles 2 Minuten kochen lassen. Die Kasserolle beiseite stellen, kurz abkühlen lassen, die Sauce mit Salz und Pfeffer abschmecken, dann das Eigelb unterrühren. Die Muschel- und Rogenstückchen unter die Sauce mengen und in die Muschelhälften füllen. Das Paniermehl mit dem Käse vermischen und auf dem Ragout verteilen. Die restliche Butter in Flöckchen darauflegen. Die Muscheln im Backofen 10 Minuten überbacken. Einen trockenen französischen Weißwein dazu servieren, etwa ein Chablis, ein weißer Bordeaux oder ein Sancerre.

*D*ie Jakobsmuschel kennt *jeder, zumindest von den Shell-Tankstellen, denen sie als Markenzeichen dient. In Feinschmeckerkreisen ist die relativ große Kammuschel als „Coquille Saint-Jacques" berühmt geworden. In verschiedenen Zubereitungsarten kommt sie hier als Vorspeise oder als Hauptgericht auf den Tisch, so auch in Mangoldblätter gehüllt oder in Safransauce gegart. Besonders gerne werden die Muscheln in der Sauce aus Egerlingen überbacken. Tiefgekühlte Jakobsmuscheln immer erst langsam im Kühlschrank auftauen lassen, ehe man sie blanchiert.*

BÜCKLING MIT RÜHREI
EINGELEGTER MATJES

BÜCKLING MIT RÜHREI
4 geräucherte Bücklings-
filets
40 g Butterschmalz
4 Eier
Salz
weißer Pfeffer aus der
Mühle
1 Bund Schnittlauch

EINGELEGTE MATJES
8 Matjesfilets (etwa 300 g)
³/₈ Liter Milch
2 große rote Zwiebeln
1 gehäufter TL weiße
Pfefferkörner
6 Wacholderbeeren
2 Pimentkörner
½ Bund frischer Dill
70 ml Sherryessig
6 EL Zucker

Tip:
*Besonders leckere Bück-
linge kommen von der
Insel Bornholm.*

BÜCKLING MIT RÜHREI
Bornholmer omelet
Die Bücklingsfilets enthäuten,
eventuell noch vorhandene Gräten
mit einer Pinzette herauszupfen.
Die Filets in Stücke teilen. In
einer großen Pfanne bei guter
Mittelhitze das Butterschmalz
heiß werden lassen und die
Fischstücke von beiden Seiten
kurz darin anbraten. Die Eier mit
⅛ Liter Wasser, je 1 Prise Salz
und Pfeffer gut verquirlen und
über den Fisch gießen. Braten,
bis die Eier stocken. Den Schnittlauch abspülen, Wasser abschütteln und den Schnittlauch in Röllchen schneiden. Die Hälfte davon
über das Rührei streuen, eine
Hälfte des Rühreis über die andere klappen, noch eine Minute in
der Pfanne lassen und auf eine
vorgewärmte Platte schieben.
Das Gericht mit dem restlichen
Schnittlauch bestreut servieren.
Zu dieser schnellen Mahlzeit
schmecken knackige Radieschen,
grüner Salat und dunkles däni-
sches Brot.

EINGELEGTER MATJES
Spegesild
Die Matjes aus der Packung neh-
men, kurz abtropfen lassen und
10 Minuten in die Milch legen.
Die Zwiebeln schälen und in
Ringe schneiden. Pfefferkörner,
Wacholderbeeren und Pimentkörner im Mörser grob zerdrücken.
Den Dill abspülen. Die Hälfte
davon in eine Frischhaltetüte
legen und im Gemüsefach des
Kühlschranks bis zum nächsten
Tag aufheben. Die Stengel der
anderen Hälfte halbieren. Die
Matjes aus der Milch nehmen,
mit Wasser abspülen und zwischen
Küchenpapier trockentupfen.
Matjes in 2 cm große Happen
schneiden. Zwiebeln, Gewürze
und Matjes abwechselnd in ein
Glas oder in eine kleine Schüssel
schichten. Essig, 150 ml Wasser
und Zucker in einen kleinen Topf
geben, unter Rühren aufkochen
und erkalten lassen. Dill auf dem
Fisch verteilen und den kalten
Sud darübergießen. Das Glas oder
die Schüssel zugedeckt 24 Stunden kühl, aber nicht in den Kühlschrank stellen. Die Matjesstücke
mit den Zwiebeln, bestreut mit
gehacktem, frischem Dill, auf
gebutterten Schwarzbrotscheiben
anrichten. Man kann sie auch gut
zu Pellkartoffeln essen.

SILDSALAT

Je 250 g festkochende
Kartoffeln und Möhren
250 g säuerliche Äpfel
250 g eingelegte Rote Bete
in Scheiben
250 g eingelegte kleine
Gewürzgurken
250 g Sild oder Matjesfilet
weißer Pfeffer aus der
Mühle
Salz
2 hartgekochte Eier
½ Becher süße Sahne
(100 ml)

Zum Garnieren:
1 Bund krause Petersilie

Silli salaatti
Die Kartoffeln waschen, in der
Schale in etwa 25 Minuten garen,
abgießen, kalt abschrecken, nach
dem Abkühlen pellen und in
möglichst kleine Würfel schneiden. Ideale Kantenlänge: ½ cm.
Gleichzeitig in einem Extratopf
die geschälten Möhren im Ganzen
garen. Nach dem Abkühlen diese
ebenso klein würfeln. Die Äpfel
schälen, halbieren, Kerngehäuse
herausschneiden und die Apfel-
hälften genauso würfeln. Die
Rote Bete in ein Sieb geben, den
Saft auffangen. Das Gemüse nach
dem Abtropfen fein würfeln.
Zuletzt die abgetropften Gewürzgurken sowie die Matjesfilets in
kleine Würfel schneiden. Alle
Zutaten in einer Schüssel vermengen und ⅛ Liter Rote-Bete-
Saft sowie eine gute Prise Pfeffer
unterrühren. Die Salatzutaten bis
zum Servieren mindestens eine
Stunde in den Kühlschrank stellen.
Die hartgekochten Eier klein-
hacken. Das geht sehr gut, indem
man die Eier zuerst im Eier-
schneider einmal kreuz und quer
durchschneidet und dann auf
einem Brett noch feiner hackt.
Die Sahne halbsteif schlagen und
vor dem Servieren unter den
Salat heben. Falls nötig, den Salat
mit Salz abschmecken, auf einer

Platte anrichten, mit gehacktem
Ei bestreuen und mit Petersilienblättchen garnieren.

*Dieses Gericht läßt sich sehr
gut vorbereiten. Dafür alle
Zutaten gewürfelt und vermischt
im Kühlschrank aufbewahren.
Die Sahne – wie im Rezept
beschrieben – kurz vor dem Servieren unterziehen. In Finnland
darf der Salat auf keinem Party-
Buffet fehlen. Er ist aber auch ein
traditionelles Weihnachtsgericht,
und zwar grenzübergreifend
ebenso in Schweden. In Finnland
wird zum Salat das dunkle Roggenbrot gegessen, das in großen
dünnen Platten gebacken wird
und besonders herzhaft schmeckt.*

SCHWERTFISCHROULADEN

8 sehr dünn geschnittene
Scheiben Schwertfisch, je
etwa 80 g
Salz
schwarzer Pfeffer aus der
Mühle
100 g Mozzarella-Käse
40 g dünn geschnittener
Parmaschinken
2 Knoblauchzehen
1 Bund glatte Petersilie
2 EL frisch geriebener
Pecorino-Käse (ersatzweise
Parmesan)
1 EL Mehl
40 g Butter
1/8 Liter trockener
Weißwein

Tips:
*Bei uns wird Schwertfisch
meist nicht am Stück, sondern in dicken Scheiben
angeboten. Für dieses
Gericht die Scheiben mit
einem sehr scharfen, lan-
gen Messer einmal quer
durchschneiden. Dieses
Rezept aus Kalabrien hat
eine Entsprechung auf
Sizilien. Hier werden die
Rouladen mit einer
Mischung aus geröstetem,
geriebenem Brot, Knob-
lauch, Petersilie und Pecorino-Käse gefüllt.*

Involtini di pesce spada
Die Fischscheiben abspülen, mit
Küchenpapier trocknen und von
beiden Seiten mit Salz und Pfeffer
würzen. Mozzarella in 8 dünne
Scheiben schneiden, den Schinken
in 8 Portionen teilen. Den Knoblauch schälen und fein hacken.
Die Petersilie abspülen, die
Blättchen hacken und mit dem
Pecorino-Käse vermischen. Auf
jede Fischscheibe ein wenig von
der Pecorino-Petersilien-Mischung
und je eine Scheibe Mozzarella
sowie einen Teil Schinken geben.
Die Scheiben vorsichtig aufrollen
und mit Holzstäbchen ver-
schließen. Die Rouladen leicht in
Mehl wenden. Die Butter in der
Pfanne erhitzen und die Fisch-
röllchen darin rundum hellbraun
anbraten. Den Wein sowie
5 Eßlöffel Wasser angießen und
den Fisch zugedeckt 10 Minuten
sanft schmoren. Die Sauce mit
Salz und Pfeffer abschmecken.
Die Rouladen auf vorgewärmte
Teller legen und mit der Sauce
übergießen. Dazu schmeckt
frisches Weißbrot.

*Schwertfisch, „Pesce spada",
ist zu beiden Seiten der
Straße von Messina, in Kalabrien
und auf Sizilien, der Lieblings-
fisch. Die Wasserstraße verbindet
das Tyrrhenische Meer mit dem
Mittelmeer, zwischen März und
September tummeln sich hier die
scheuen, schlauen Verwandten
des Thunfischs. Von den Körben
in den hohen Masten ihrer Boote
halten die Fischer nach dem
Schwertfisch Ausschau. Jedes
Boot besitzt einen langen, aus-
klappbaren Steg am Bug, der weit
über das Wasser reicht und von
dem aus der Fisch gefangen wird.
Auf den Marktständen der Küsten-
orte schneiden die Händler das
feste, doch zarte rosa Fleisch
vom großen Fischleib. Gerne
wird der Fisch auch in einer
Marinade aus Olivenöl, Knoblauch, Petersilie, Pfeffer und
Lorbeerblatt eingelegt, gegrillt
und mit einer würzigen Kapern-
Öl-Sauce serviert. Das Restaurant
„Conti" in Reggio di Calabria
(Via Giulia 2) ist berühmt für
seine Schwertfisch-Gerichte.*

ZANDER AUF BAUERNART

2 mittelgroße Zwiebeln
100 g Räucherspeck
3 gelbe oder rote Paprikaschoten
2 Fleischtomaten
1 TL edelsüßes Paprika-
pulver
Salz
800 g Zanderfilet
½ Bund glatte Petersilie

Tips:
*Zu diesem Gericht gibt es
als Beilage meist Salz-
kartoffeln. Häufig wird der
Speck statt zum Braten
zum Spicken der Filets
verwendet und gibt dem
Fisch ein noch herzhaft-
eres Aroma. Nach
Geschmack läßt sich die
Fischpfanne verfeinern
durch Zugabe von frischen
Pilzen und etwas saurer
Sahne – in Ungarn geht es
eben üppig zu. Gerne
verwendet man statt der
Filets ganzen Schill, wie
junger Zander genannt
wird.*

Fogas paraszt módra
Die Zwiebeln schälen und fein
würfeln. Den Speck ebenfalls in
Würfelchen schneiden. Die
Paprikaschoten halbieren, Stielansätze und weiße Rippen mit
den Kernen herausschneiden.
Die Schoten ausspülen, vierteln
und in Streifchen schneiden. Die
Tomaten waschen, die Stielansätze entfernen und die Tomaten
in Scheiben schneiden. In einer
großen Deckelpfanne den Speck
bei guter Mittelhitze auslassen.
Ist das Fett etwa zur Hälfte aus-
getreten, die Zwiebeln untermischen und glasig braten. Das
Paprikapulver überstreuen und
unterrühren. Die Paprikastreifen
und Tomatenscheiben unterheben und zugedeckt 5 Minuten
schmoren. 2 bis 3 Eßlöffel Wasser
unterrühren und das Gemüse mit
Salz abschmecken. Den Fisch in
4 Portionsstücke teilen, leicht
salzen und zwischen das Gemüse
legen. Den Deckel aufsetzen
und den Fisch, je nach Dicke,
10 bis 12 Minuten dünsten, fein-
gehackte Petersilie überstreuen
und servieren.

*Mitteleuropas größtes Binnen-
gewässer, der Plattensee,
liefert den Fogosch, den Platten-
see-Zander. Dieser besitzt eine
helle Haut, zartes, festes, mageres
Fleisch und genießt in Ungarn,
wie auch beim Nachbarn Österreich, als Speisefisch höchste
Wertschätzung. So huldigt man
ihm in zahlreichen Zubereitungsarten, gart ihn mit Gemüse oder
mit Pilzen und Sahne, füllt ihn
oder packt ihn ganz in eine Salz-
kruste und überläßt ihn im
heißen Ofen ohne weitere Zutaten
sich selbst. Kenner behaupten, so
schmecke er am allerbesten.
Doch meistens putzt man ihn,
kulinarisch gesehen, üppig heraus. Károly Gundel, der berühmteste ungarische Koch, servierte
ihn in seinem Schlemmerlokal in
Budapest mit Krebs-Pörkölt, also
mit Krebsragout.*

HEILBUTT MIT GARNELEN MANDEL-SEEZUNGENFILETS

HEILBUTT MIT GARNELEN

4 Scheiben weißer oder
schwarzer Heilbutt à 200 g
1 mittelgroße Zwiebel
40 g Butter
Salz
weißer Pfeffer aus der
Mühle
1/8 Liter trockener
Weißwein
200 g küchenfertige,
vorgegarte Garnelen
1 Bund krause Petersilie
1 Becher süße Sahne
(200 g)
1 gehäufter TL Speisestärke

SEEZUNGENFILETS MIT MANDELN

8 mittelgroße Seezungen-
filets à 80 g
Salz
weißer Pfeffer aus der
Mühle
4 EL Mehl
1 Ei und 1 Eiweiß
5 EL Paniermehl
200 g Mandelblättchen
80 g Butter
1 Schälchen Kresse

HEILBUTT MIT GARNELEN

Gestoofde heilbot met garnalen
Die Fischscheiben mit kaltem
Wasser abspülen und mit
Küchenpapier trockentupfen. Die
Zwiebel schälen und in feine
Ringe schneiden. Den Boden
einer Deckelpfanne mit hohem
Rand mit der Butter einpinseln.
Die Zwiebeln auf dem Boden
verteilen. Die Fischscheiben von
beiden Seiten mit Salz und Pfeffer
bestreuen und auf die Zwiebeln
legen. Den Wein angießen,
Deckel auf die Pfanne setzen und
den Fisch bei sanfter Mittelhitze
10 Minuten dünsten. Die Garnelen in ein Sieb geben, kalt abspülen und abtropfen lassen. Die
Petersilie abspülen, Wasser
abschütteln und die Blättchen
fein hacken. Den Backofen auf
100 °C vorheizen und eine Ser-
vierplatte vorwärmen. Nach den
10 Minuten die Petersilie über
den Fisch streuen und die Garnelen darauf verteilen. Noch
5 Minuten zugedeckt dünsten.
Dann den Fisch mit den Garnelen
auf die vorgewärmte Platte legen
und im Backofen warm halten.
Die Sahne mit der Stärke verquirlen, mit dem Schneebesen in den
Fond in der Pfanne rühren und
kurz aufkochen lassen. Die Sauce
mit Salz und Pfeffer abschmecken
und über die Fischscheiben
gießen. Dazu schmeckt Kartoffelpüree.

MANDEL-SEEZUNGENFILETS

Tong met amandelen
Die Seezungenfilets nebenein-
ander auf ein Brett legen und von
beiden Seiten mit Salz und Pfeffer
bestreuen. Mehl auf einen flachen
Teller sieben. Ei und Eiweiß in
einem tiefen Teller verquirlen.
Paniermehl und Mandelblättchen
auf einem weiteren flachen Teller
vermischen und ausbreiten. Den
Backofen auf 100 °C vorheizen.
Die Hälfte der Butter in eine
Pfanne geben und bei sanfter
Hitze schmelzen lassen. Die
Filets zuerst in Mehl wenden,
überschüssiges Mehl abschütteln,
dann in Ei wenden und in der
Paniermehl-Mandel-Mischung,
diese andrücken, damit die Panade
kleben bleibt. Die Filets in der
aufschäumenden Butter von
beiden Seiten je 3 Minuten bei
Mittelhitze braten und auf einer
vorgewärmten Platte im Backofen
warm halten, bis alle gebraten
sind. Dazu die übrige Butter verwenden. Die Seezungenfilets mit
Kresse garniert servieren und als
Beilage Kartoffelkroketten dazureichen.

MUSCHELN MIT WALNUSSAUCE

Für die Walnußsauce:
100 g gemahlene Walnüsse
2 Scheiben Toastbrot
Saft von 1 Zitrone
4 EL Sonnenblumenöl
1 Knoblauchzehe
Salz

Für die Muscheln:
1 kg Miesmuscheln
Salz
1 TL schwarze Pfefferkörner
1 Lorbeerblatt
6 EL Mehl
1 EL Speisestärke
1 Eigelb
etwa 1/8 Liter helles Bier
Sonnenblumenöl zum Ausbacken

Tip:
Wer keine frischen Miesmuscheln bekommt, kann auf tiefgekühlte zurückgreifen. Es gibt sie vorgegart im Paket. Vor Verwendung spült man die Muscheln in einem Sieb mit lauwarmem Wasser ab und trocknet sie zwischen Lagen von Küchenpapier.

Taratorlu midye tavası
Für die Walnußsauce: Die Walnüsse in eine Schüssel geben. Vom Toastbrot dünn die Rinde abschneiden. Brot in wenig Wasser einweichen, ausdrücken und mit Zitronensaft und dem Öl unter die Nüsse mischen, so daß eine geschmeidige Paste entsteht. Den Knoblauch schälen, durch die Knoblauchpresse zur Nußpaste pressen und gründlich untermischen. Langsam so viel kaltes Wasser unterrühren, bis eine dickflüssige Sauce entstanden ist. Diese mit Salz abschmecken und zugedeckt beiseite stellen.
Für die Muscheln: Die Miesmuscheln unter fließendem kaltem Wasser gründlich abbürsten – bereits geöffnete Muscheln wegwerfen. Von den Muscheln mit einer Küchenschere die Fäden, die Bärte, abschneiden. In einem großen Topf 1/4 Liter Wasser mit 1/2 Teelöffel Salz, Pfefferkörnern und dem Lorbeerblatt aufkochen. Die Muscheln hineinschütten und zugedeckt 8 Minuten kräftig kochen, zwischendurch den Topf einmal schütteln. Muscheln, die geschlossen bleiben, ebenfalls wegwerfen. Das Muschelfleisch aus den Schalen nehmen und auf Küchenpapier abtropfen lassen.

3 Eßlöffel Mehl in einen tiefen Teller sieben. Das übrige Mehl mit der Speisestärke in ein Schüsselchen sieben. Mit dem Eigelb, einem Schuß Bier und 1/2 Teelöffel Salz zu einem dünnflüssigen Teig verrühren. In einen Fritiertopf 5 bis 6 cm hoch Öl füllen und auf 180 °C (bis ein hineingetauchtes Holzstäbchen Bläschen wirft) erhitzen. Die Muscheln in Mehl wenden. Überschüssiges Mehl abschütteln. Je 5 bis 6 Muscheln auf ein Holzspießchen stecken, durch den Teig ziehen und im heißen Öl schwimmend hellbraun ausbacken. Die Muscheln auf Küchenpapier entfetten, auf eine kleine Platte legen, mit der Walnußsauce servieren.

*P*robieren kann man diese *Spezialität auf dem Balık Pazarı, dem Fischmarkt im Istanbuler Stadtteil Beyoğlu. Hier werden sie in großen Kupferkesseln ausgebacken.*

GEFÜLLTE SARDINEN
FORELLEN MIT SCHINKEN

GEFÜLLTE SARDINEN
16 große, frische, vom
Fischhändler geschuppte
und ausgenommene
Sardinen
Salz
schwarzer Pfeffer aus der
Mühle
Für die Füllung:
2 mittelgroße Zwiebeln
2 kleine Knoblauchzehen
2 EL Olivenöl
100 g Paniermehl
1 Bund glatte Petersilie
1 Ei
Mehl zum Wenden
Öl zum Ausbraten
¼ Liter trockener
Weißwein

**FORELLEN MIT
SCHINKEN**
4 Forellen von je 300 g,
vom Händler ausgenommen
Salz
schwarzer Pfeffer aus der
Mühle
1 Bund glatte Petersilie
100 g Serrano-Schinken
(ersatzweise ein anderer
milder Schinken)
Mehl zum Wenden
Olivenöl zum Braten
1 unbehandelte Zitrone

GEFÜLLTE SARDINEN
Sardinas trechadas
Die Fische innen und außen
unter kaltem Wasser abspülen
und mit Küchenpapier abtrocknen, auseinanderklappen und
vorsichtig Kopf und Rückengräte
entfernen: Die Sardinen dürfen
dabei nicht zerteilt werden. Sardinen innen und außen mit etwas
Salz und Pfeffer einreiben.
Für die Füllung: Zwiebeln und
Knoblauch schälen und fein würfeln. Öl in einer Pfanne erhitzen
und die Würfelchen darin glasig
braten. Das Paniermehl untermischen und kurz mitrösten. Den
Pfanneninhalt in ein Schüsselchen geben. Petersilie abspülen,
das Wasser abschütteln und die
Blättchen fein hacken. Diese mit
dem Ei, etwas Salz und Pfeffer zu
den Zutaten in dem Schüsselchen
geben, alles gut vermischen. Mit
dieser Masse die Sardinen füllen
und mit Hölzchen zustecken. Die
Fische leicht in Mehl wenden.
Reichlich Öl in der Pfanne erhitzen und die Sardinen rundum
goldbraun braten. Öl bis auf
einen kleinen Rest abgießen,
Wein zugeben und aufkochen.
Die Fische hineinlegen und bei
sanfter Hitze in der offenen Pfanne
in 5 Minuten gar ziehen lassen,
zwischendurch wenden.

FORELLEN MIT SCHINKEN
Truchas con jamon
Die Forellen unter fließendem
kaltem Wasser abspülen und mit
Küchenpapier trockentupfen.
Außen und innen mit Salz und
Pfeffer bestreuen. Petersilie
abspülen, Stiele abschneiden.
Petersilie und Schinken in die
Forellen stecken, die Fische mit
Hölzchen schließen und in Mehl
wenden. Olivenöl in einer Pfanne
gut erhitzen und die Forellen von
jeder Seite braten, bis sie gold-
braun und knusprig sind. Die
Fische mit den Zitronenachteln
garniert servieren.

*Sardinen sind in allen spani-
schen Küstenregionen
populär. Am Mittelmeer spießt
man sie auf Stöckchen, steckt
diese schräg in den Sand und
grillt sie über Holzkohlenglut.
Am Atlantik gart man sie mit
Wein. Der gebirgige Norden
steuert Forellen bei, die mit einer
besonderen Spezialität gefüllt
sind, mit „jamon", dem milden,
aromatischen spanischen
Schinken.*

KARPFEN IN HONIGKUCHENSAUCE

1 küchenfertiger Karpfen
von etwa 1,2 kg
4 EL Weinessig
50 g Honigkuchen
50 g Rosinen
1 Bund Suppengrün
1 Zwiebel
1 Lorbeerblatt
5 Pimentkörner
1 gehäufter TL weiße
Pfefferkörner
3 Gewürznelken
Salz
½ Liter dunkles Bier
40 g Butter
1 EL Mehl
50 g Mandelstifte
schwarzer Pfeffer aus der
Mühle
1 Prise Zucker
1–2 TL Zitronensaft

Karp po Polsku
Vom Karpfen, falls nicht schon vom Fischhändler erledigt, Kopf und Schwanz abschneiden. Den Karpfen entlang der Mittelgräte der Länge nach halbieren und die Hälften in 4 oder 8 Portionsstücke teilen. Die Stücke auf einen Teller legen und mit dem Essig beträufelt stehen lassen. Den Honigkuchen mit wenig Wasser einweichen. Die Rosinen mit lauwarmem Wasser bedeckt quellen lassen. Das Suppengrün putzen und abspülen. Die Zwiebel schälen und achteln. Gemüse in einen großen Topf geben, Lorbeerblatt, die Piment- und Pfefferkörner, Nelken und einen Teelöffel Salz zugeben. Das Bier und ¼ Liter Wasser zugießen und alles bei Mittelhitze 10 Minuten kochen lassen. Den Backofen auf 100 °C vorheizen. Dann den Herd auf sanfte Hitze schalten und die Karpfenstücke im Sud in 15 bis 20 Minuten gar ziehen, keinesfalls kochen lassen. Die Karpfenstücke vorsichtig aus dem Sud heben und auf einer vorgewärmten Platte mit Alufolie bedeckt im Backofen warm halten. Den Sud durch ein Sieb in einen Topf abgießen und bis auf etwa ¾ Liter einkochen lassen. In einer größeren Kasserolle oder in einem Bratentopf die Butter erhitzen, das Mehl einrühren und unter Rühren hellbraun rösten. Den Sud unterrühren und aufkochen lassen. Den Honigkuchen ausdrücken und unterrühren, wie auch die abgetropften Rosinen und die Mandeln. Die Sauce bei sanfter Hitze 5 Minuten köcheln lassen. Dann mit Pfeffer, Salz, Zucker und Zitronensaft abschmecken. Die Karpfenstücke mit der Sauce übergießen und servieren. Zu diesem berühmten Karpfengericht gibt es Kartoffeln oder Klöße aus gekochten Kartoffeln.

Allgemein als „Karpfen polnisch" bekannt wurde dieses Rezept im Laufe der Zeit zum festen Bestandteil der internationalen Küche. In manchen Regionen avancierte der Fisch zum weihnachtlichen Traditionsgericht, wie etwa im Fichtelgebirge und im benachbarten Böhmen. Die Rezepturen dieses Gerichtes sind von kleinen Unterschieden geprägt. In Polen rührt man in die Sauce noch gerne etwas Blut vom frisch geschlachteten Karpfen oder würzt sie zuletzt mit einem Schuß Rotwein.

KARTOFFELAUFLAUF
JANSSONS VERSUCHUNG

1 kg vorwiegend fest-
kochende Kartoffeln
3 mittelgroße Zwiebeln
80 g Butter und Butter für
die Auflaufform
weißer Pfeffer aus der
Mühle
1 Prise gemahlener Piment
1 Lorbeerblatt
250 g Sild oder auf
nordische Art eingelegter
Matjeshering
1 Bund frischer Dill
¼ Liter süße Sahne
⅛ Liter Milch
6 EL Paniermehl

Tip:
*Bei diesem Auflauf kann
auf das Salzen verzichtet
werden, weil der Fisch
schon reichlich Salz
abgibt. Wem das Gericht
zu mild schmeckt, kann
die Kartoffeln nach-
würzen.*

Janssons frestelse
Die Kartoffeln waschen, schälen
und in Scheiben schneiden. Die
Zwiebeln schälen, vierteln und in
Streifchen schneiden. In einer
großen Pfanne 40 g Butter erhitzen, Kartoffeln und Zwiebeln bei
Mittelhitze und unter Wenden
10 Minuten anbraten. Eine Auflaufform mit Butter einpinseln.
Den Backofen auf 200 °C vorheizen. Kartoffeln und Zwiebeln
kräftig mit Pfeffer und der Prise
Piment würzen. Die Hälfte davon
in die Auflaufform füllen. Das
Lorbeerblatt in 4 Stücke brechen
und darauf verteilen. Den Sild
oder Matjeshering abtropfen
lassen und quer in 2 cm breite
Streifen schneiden. Den Fisch auf
den Kartoffeln verteilen. Den Dill
abspülen, einige Ästchen zum
Garnieren beiseite legen. Den
Rest grob hacken und auf dem
Fisch verteilen. Alles mit den
restlichen Kartoffeln bedecken.
Sahne und Milch verquirlen und
darüber gießen. Die Oberfläche
mit Paniermehl bestreuen und
mit der restlichen Butter in
Flöckchen belegen. Auflauf in
Backofenmitte 30 bis 40 Minuten
backen. Jede Portion mit etwas
Dill garnieren.

*Janssons Versuchung darf in
Schweden auf keinem Party-
Buffet fehlen. Zuerst werden die
kalten Fischspezialitäten, Hering
in Dill-Marinade, gebeizter Lachs,
geräucherter Bückling, Aal und
Krabben, probiert sowie alle
Arten von kaltem Fleisch, wie
auch geräuchertes Rentierfleisch,
Leberpastete, Eier und Salate.
Getrunken wird dazu natürlich
Aquavit oder Bier. Erst zum
Schluß, wenn sich die Party dem
Ende nähert, wird dieser köst-
liche Auflauf heiß, mit brauner
Kruste überbacken, aufgetragen,
damit sich die Gäste vor dem
Heimweg noch einmal stärken
können. „Janssons Versuchung"
ist darüber hinaus ein kräftiges
Familienessen, das vor allem an
kalten Tagen von innen richtig
aufwärmt und satt und zufrieden
macht.*

GEKOCHTER SCHELLFISCH MIT SENFSAUCE

Für den Schellfisch:
1 Schellfisch von etwa
1,2 kg (ohne Kopf, vom
Fischhändler küchenfertig
vorbereitet)
1 mittelgroße Zwiebel
1 Bündel Suppengemüse
1 unbehandelte Zitrone
¼ Liter trockener
Weißwein
2 Lorbeerblätter
1 EL schwarze Pfeffer-
körner
je 4 Wacholderbeeren und
Pimentkörner
Salz

Für die Senfsauce:
1 Becher süße Sahne
(200 ml)
3 Eigelb
2 EL scharfer Senf
Salz
schwarzer Pfeffer aus der
Mühle
Worchestersauce
1 Bund Schnittlauch

Tip:
Man kann im Sud noch
einige ganze kleine
Möhren und zwei in Stücke
geschnittene Bleichsellerie-
stangen mitgaren und den
Fisch mit dem Gemüse
anrichten.

Für den Schellfisch: Sollten vom Fisch die Rücken-, Bauch und Schwanzflossen noch nicht entfernt worden sein, diese mit einer Küchenschere abschneiden. Den Fisch innen und außen abspülen. Die Zwiebel schälen, das Suppengemüse putzen und alles würfeln. Die Zitrone abspülen und von einer Hälfte dünn die Schale abschneiden. Das Gemüse und die Zitronenschale in einen langen ovalen Fischtopf oder in einen Kochtopf mit großem Boden geben, in den man den Fisch etwas rund gebogen hineinlegen kann. Wein und 1½ Liter Wasser in den Topf gießen, die Lorbeerblätter und die Gewürze zugeben sowie 1 Teelöffel Salz. Den Sud zugedeckt 30 Minuten sanft kochen lassen, dann durch ein Sieb geben, zurück in den Topf gießen und vorsichtig den Fisch hineinlegen. Den Fisch bei sanfter Hitze in 20 bis 30 Minuten, je nach Dicke, gar ziehen lassen, nicht kochen. Um zu prüfen, ob er gar ist, mit einer Gabel an der Rückengräte ins Fleisch stechen. Fühlt man noch Widerstand, den Fisch noch einige Minuten weiterziehen lassen. Dann vorsichtig herausheben und auf einer vorgewärmten Platte servieren.

Für die Senfsauce: 10 Minuten bevor der Fisch gar ist, von dem Sud ⅜ Liter abmessen, in einem kleinen Topf mit der Sahne vermischt auf die Hälfte einkochen und leicht abkühlen lassen. Eigelb und Senf gut verquirlen und in die Sauce rühren. Die Sauce vorsichtig erhitzen und kräftig rühren, bis sie dicklich wird. Sie darf jedoch keinesfalls kochen, dann gerinnt sie. Die Sauce mit Salz, Pfeffer und Worchestersauce abschmecken. Den Schnittlauch abspülen, in Röllchen schneiden und vor dem Servieren über die Sauce geben. Als Beilage gibt es Salzkartoffeln.

Schellfisch wird in der Nordsee, im Nordatlantik, im Skagerrak und im Kattegat in Küstennähe gefangen. Der Name Schellfisch kommt vom englischen „shell" – Muschel, da sich nach dem Kochen das Fleisch in einzelnen Schalen ablösen läßt. Soweit sollte man es jedoch nicht kommen lassen, denn dann ist der Fisch bereits übergart und trocken.

REISPFANNE

Für 4–6 Personen

1 küchenfertige Poularde
von etwa 1,2 kg
200 g küchenfertige
Calamaresstücke
12 mittelgroße küchen-
fertige Gambas (Garnelen)
150 g grüne Bohnen
8 EL Olivenöl
250 g Rundkornreis
2 Lorbeerblätter
1 Liter Hühnerbrühe
(Instant)
2 Tütchen Safran
Salz
1 Knoblauchknolle
1 große rote Paprikaschote
150 g Tiefkühl-Erbsen
oder frische
18 geschlossene Pfahl-
oder Miesmuscheln
1 große Fleischtomate
1 unbehandelte Zitrone

Tip:
Man kann die Paella auch
noch mit angebratenen
Schweinefiletstückchen
und/oder mit fest garenden
Fischstückchen bereichern.

Paella

Die Poularde abspülen, mit
Küchenpapier abtrocknen und in
8 Teile schneiden. Die Calamares
und die Gambas in ein Sieb
geben, abspülen und abtropfen
lassen. Die Bohnen abspülen,
putzen und in Stückchen schneiden. In einer großen ofenfesten
Pfanne das Öl stark erhitzen. Die
Poulardenstücke darin anbraten,
mit der Schaumkelle herausheben
und beiseite stellen. Nacheinander
die Calamares und die Gambas je
eine Minute im heißen Öl anbraten und herausnehmen. Die
Geflügelteile zurück in das Öl
legen, den Reis und die Lorbeerblätter mit den Bohnen untermischen und unter Wenden kurz
anbraten. Die Hälfte der Hühnerbrühe zugießen, auf sanfte Hitze
schalten. Den Safran mit ein
wenig Hühnerbrühe einweichen
und in die Pfanne rühren. Einen
knappen Teelöffel Salz über das
Gericht streuen. Die Knoblauchknolle abspülen und in die Mitte
vom Reis setzen. Alles 10 Minuten leicht köcheln lassen und
zwischendurch umrühren. Weitere
Brühe zugießen, so wie der Reis
sie aufnimmt. Den Backofen auf
175 °C vorheizen. Die Paprikaschote vierteln, putzen, abspülen
und in 1 cm breite Streifen

schneiden. Paprika und Erbsen
unter den Reis mischen. Nach
Bedarf noch weitere Brühe hinzu-
geben und garen, bis der Reis fast
weich ist. Calamares und Gambas
unterheben. Muscheln gründlich
waschen, mit der Schere die
Bärte abschneiden. Muscheln auf
dem Reis verteilen. Die Tomate
mit kochendem Wasser übergießen, pellen, Tomatenfleisch
in Streifen schneiden und damit
die Paella hübsch belegen. Die
Pfanne mit Alufolie abdecken und
10 Minuten in Backofenmitte
schieben, bis sich die Muscheln
geöffnet haben. Alufolie abneh-
men und die Paella ausdampfen
lassen. Die Zitrone abwaschen,
achteln und vor dem Servieren
die Paella damit garnieren.

*D*ie Paella wird in Spanien mit
Vorliebe über offenem Feuer
im Freien zubereitet, meist vom
Familienoberhaupt, denn eine
richtige Paella ist in Spanien
Männersache. Sie ist in der
Region Valencia zu Hause. Ein
Versuch, ihre Zutaten zu regle-
mentieren scheiterte Gott sei
Dank, und so wird das Gericht
nie langweilig.

FISCHEINTOPF MIT POLENTA

Für die Polenta:
Salz
300 g Polenta-Maisgrieß
1 EL Sonnenblumenöl

Für den Fischeintopf:
1 kg gemischter Fisch,
z.B. Kabeljau, Rotbarsch,
Merlan
3 EL Zitronensaft
2 große Zwiebeln
3 Knoblauchzehen
500 g gut reife Tomaten
Salz
2 EL Mehl
5 EL Olivenöl
je ¼ Liter Brühe (Instant)
und trockener Weißwein
1 Bund glatte Petersilie
schwarzer Pfeffer aus
der Mühle

Tip:
*Man kann den Fischtopf
auch noch mit 50 g
schwarzen Oliven an-
reichern, die 5 Minuten
vor Ende der Garzeit
zugegeben werden.*

Brodetto

Für die Polenta: Den Backofen
auf 50 °C vorheizen. 1 ½ Liter
Wasser mit 1 ½ Teelöffel Salz in
einem mittelgroßen Topf zum
Kochen bringen. Die Hitze auf
Mittelstufe herunterschalten und
unter Rühren mit einem Holz-
löffel den Maisgrieß in das Wasser
rieseln lassen – Vorsicht, es
spritzt! Den Brei rühren, mindestens 20 Minuten, bis er sich
vom Topfrand löst. Eine ovale
Platte mit Öl einpinseln, die
Polenta daraufgeben, die Oberfläche glatt streichen und im vor-
geheizten Backofen warm halten,
bis der Fischeintopf fertig ist.
Für den Fischeintopf: Den Fisch
mit kaltem Wasser abspülen, mit
Küchenpapier abtrocknen, in
Portionsstücke schneiden und
mit 2 Eßlöffel Zitronensaft beträufelt beiseite stellen. Die Zwiebeln
schälen, vierteln und in Streifchen schneiden. Den Knoblauch
schälen. Die Tomaten mit kochendem Wasser übergießen, kurz
stehen lassen, pellen, halbieren,
die Stielansätze herausschneiden
und das Tomatenfleisch würfeln.
Die Fischstücke leicht mit Salz
bestreuen und in dem Mehl wenden. In einem großen Bräter das
Olivenöl stark erhitzen und den
Fisch von beiden Seiten jeweils

3 Minuten goldbraun anbraten,
aus dem Topf nehmen und beiseite stellen. Den Herd auf Mittelhitze schalten, die Zwiebeln in
das Bratöl geben, den Knoblauch
durch die Presse dazudrücken
und mit den Zwiebeln glasig braten. Tomaten unterrühren, Brühe
und Wein zugießen und alles im
geschlossenen Topf 8 Minuten
garen. Die Petersilie abspülen,
die Blättchen hacken und unter
den Sud rühren. Alles mit Salz,
Pfeffer und 1 Eßlöffel Zitronensaft
abschmecken. Die Fischstücke im
Topf 5 Minuten erhitzen. Die
Polenta in 1 ½ bis 2 cm dicke
Scheiben schneiden, mit dem
Fisch servieren.

*O livenöl und Wein geben den
Fischgerichten der dalmatinischen Adriaküste mediterrane
Würze. Der Einfluß Italiens macht
sich durch die Polenta bemerk-
bar. Jahrhundertelang bestand
zwischen Dubrovnik und Venedig
eine enge Handelsbeziehung.*

GEBEIZTER LACHS MIT SENFSAUCE

Für 6 Personen

1 kg frischer Lachs aus dem Mittelteil (vom Fischhändler geschuppt und ausgenommen)
2 Bund frischer Dill
2 EL grobes Meersalz
1 TL weiße Pfefferkörner
2 EL Zucker

Für die Senfsauce:
2 EL scharfer Senf
2 EL Zucker
2 EL Weinessig
6 EL Sonnenblumenöl
weißer Pfeffer aus der Mühle
1 Bund Dill

Tip:
Gebeizter Lachs muß mindestens zwei Tage durchziehen, bis er aufgeschnitten werden darf. Wer sich einmal etwas ganz besonderes leisten möchte, verwendet Wildlachs. Aber auch Zuchtfische aus den norwegischen Fjorden sind von guter Qualität und preiswerter. „Gravlax" in dieser Form ist nicht nur in Norwegen, sondern auch in den anderen skandinavischen Ländern sehr beliebt. Ein eiskalter Aquavit oder ein finnischer Wodka sind die traditionellen Getränke dazu.

Gravlax
Das Fischstück zusammengeklappt festhalten und mit der Küchenschere die Rückenflosse abschneiden. Dann auseinandergeklappt auf ein Brett legen und mit einem scharfen Messer vorsichtig das Rückgrat mit den Gräten heraustrennen, die kleinen Gräten mit einer Pinzette auszupfen. Den Fisch in der Mitte längs halbieren. Den Dill abspülen, das Wasser gründlich abschütteln und die Blättchen grob hacken. Die Stengel aufheben. Die Hälfte der Blättchen in einer länglichen Schüssel ausbreiten und eine Fischhälfte mit der Hautseite nach unten auf den Dill legen. Die Dillstengel darauf verteilen. Das Salz und die Pfefferkörner im Mörser zerstoßen, mit dem Zucker vermischen und über die Fischseite streuen. Die zweite Hälfte mit der Hautseite nach oben darauflegen und mit dem restlichen Dill bedecken. Den Lachs mit Alufolie – die matte Seite nach unten – bedecken. Ein Brett, möglichst in Schüsselgröße, darauflegen und mit Konservendosen als Gewichte (etwa 2 kg) beschweren. Den Fisch mindestens 2 Tage, besser 3 Tage in den Kühlschrank stellen. Während der Beizzeit tritt Flüssig-

keit aus, mit der der Lachs alle 12 Stunden begossen werden muß. Dabei wird er gewendet und zum Begießen werden die Innenseiten leicht angehoben. Danach mit frischer Alufolie abdecken, beschweren und erneut kühl stellen. Die fertigen Lachshälften aus der Beize nehmen, den Dill und die Gewürze vorsichtig abschaben und mit einem sehr scharfen, langen Messer – möglichst mit einem richtigen Lachsmesser – schräg zur Faser hauchdünne Scheiben von der Haut abschneiden und anrichten. Für die Senfsauce: Senf, Zucker und Essig in einem Schüsselchen verrühren, bis sich der Zucker aufgelöst hat. Nach und nach das Öl mit dem Schneebesen kräftig unterrühren, so daß eine homogene, dickliche Sauce entsteht. Mit etwas Pfeffer abschmecken und den gehackten Dill untermischen. Man kann die Sauce mit 2 bis 3 Eßlöffel Wasser oder mit 5 bis 6 Eßlöffel saurer Sahne nach Geschmack strecken. Als Beilage aufgebackenes Baguettebrot oder auch dünne Scheiben kräftiges Roggenbrot reichen.,

FLEISCH, WILD UND GEFLÜGEL

RINDERBRATEN MIT SERVIETTENKNÖDEL

Für den Rinderbraten:
1 kg Rinderbraten aus der
Hüfte (vom Fleischer zu
einer Rolle gebunden)
3 mittelgroße Zwiebeln
100 g Sellerieknolle
1 kleine Möhre
1 Pastinake oder Peter-
silienwurzel
50 g geräucherter Speck
2 Lorbeerblätter
1 TL schwarze Pfeffer-
körner
4 Pimentkörner
Salz
½ TL getrockneter Thymian
30 g Butter
½ Liter Rinderbrühe
(Instant)
200 g saure Sahne
1 gehäufter TL Mehl
1 EL Zitronensaft

Für die Serviettenknödel:
350 g Brötchen vom Vortag
¼ Liter Milch
3 Eier
50 g Mehl
Salz
1 Prise geriebener Muskat
1 Bund krause Petersilie
30 g Butter

Svíčková na smetaně na houskové knedlíky

Für den Rinderbraten: Den Back-ofen auf 200 °C vorheizen. Rinder-braten in einen ofenfesten Bräter legen. Zwiebeln schälen, das Gemüse putzen, mit dem Speck kleinwürfeln und über dem Fleisch verteilen. Gewürze zu-geben sowie einen gehäuften Teelöffel Salz und den Thymian. Butter schmelzen und über das Fleisch gießen. Den Bräter offen in Ofenmitte schieben und das Fleisch 25 Minuten braten, bis sich die Oberfläche sowie das Gemüse bräunen. Zwischendurch das Fleisch umdrehen. Brühe auf-kochen und zum Fleisch gießen. Backofen auf 175 °C herunter-schalten, den Deckel auf den Bräter setzen und das Fleisch 50 bis 60 Minuten schmoren. Nach Bedarf ⅛ Liter heißes Wasser nachgießen. Den Braten aus dem Fond nehmen und auf einer Platte, mit Folie bedeckt, im ausgeschalteten Backofen warm halten. Den Fond mit dem Gemüse durch ein Sieb passieren, im Bräter erneut er-hitzen. Saure Sahne und Mehl verrühren, den Fond damit an-dicken. Die Sauce mit Salz und Zitronensaft abschmecken.
Für die Serviettenknödel: Die
Brötchen in kleine Würfel schnei-den und mit der Hälfte der Milch beträufeln. Die Eier in Eiweiß und Eigelb trennen. Das Eigelb mit der restlichen Milch verquir-len und über die Brötchenwürfel gießen. Das Eiweiß steif schlagen. Mehl, einen Teelöffel Salz und etwas Muskat auf die Brötchen-würfel geben. Die Petersilie abspülen, Wasser abschütteln und die Blättchen fein hacken. Mit dem Eischnee zu den Bröt-chen geben und mit den anderen Zutaten untermischen. 2 weiße Stoffservietten in der Mitte mit je der Hälfte der Butter bestreichen. Aus je der Hälfte der Knödelmasse Rollen formen, in die Mitte jeder Serviette geben und einrollen. Die Enden mit Bindfaden zubin-den. In einem großen Topf reich-lich Wasser mit einem Teelöffel Salz zum Kochen bringen und die Knödel darin 20 Minuten sieden, abtropfen lassen, aus den Serviet-ten nehmen, in Scheiben schnei-den und sofort servieren.

LAMM IN MINZSAUCE MIT OFEN-KARTOFFELN

Für das Lamm in Minzsauce:
4 Lammstelzen (die unteren Enden der Keulen) von je etwa 300 g, ersatzweise
1 Lammkeule von 1,2 kg
1 große Zwiebel
30 g frische Ingwerwurzel
Salz
1 TL mildes Paprikapulver
3 EL Sonnenblumenöl und Öl für den Bräter
2 EL Zitronensaft
2 EL Honig
2 EL gehackte frische Minze
1 TL Zucker
1 EL Weißweinessig
2 EL Whiskey

Für die Ofen-Kartoffeln:
4 mittelgroße Kartoffeln

Tips:
Wer statt der Stelzen eine Lammkeule zubereiten möchte, gart diese eine halbe Stunde länger. Die Zutaten und die Zubereitung bleiben gleich. Zum Essen trinkt man in Irland gerne französische und deutsche Weine.

Legs of Llamb with mint sauce and baked potatoes
Für das Lamm: Den Backofen auf 200 °C vorheizen. Die Lammstelzen abspülen, die Haut und das Fett bis auf eine sehr dünne Schicht abschneiden. Die Zwiebel und den Ingwer schälen und in ein Schüsselchen reiben. 2 Teelöffel Salz, Paprikapulver, Öl und Zitronensaft zugeben und alles verrühren. Einen Bräter mit Öl einpinseln. Die Lammstelzen rundum mit der Paste einreiben, in den Bräter legen und mit dem Rest der Paste bedecken. Deckel aufsetzen und die Stelzen eine Stunde in den Backofen schieben. Den Bräter aus dem Backofen nehmen und die Lammstelzen mit dem Honig bestreichen. 1/8 Liter Wasser um die Stelzen gießen. Das Fleisch im offenen Bräter noch 20 Minuten im Ofen braten. Die Stelzen aus dem Bräter nehmen und warm halten. 1/8 Liter heißes Wasser in den Bräter gießen und mit dem Bratensatz bei starker Hitze 5 Minuten aufkochen, dann durch ein Sieb in eine kleine Kasserolle gießen. Die Minzeblättchen in die Sauce geben. Diese mit Zucker, Essig und Whiskey abschmecken und zu Fleisch und Kartoffeln servieren.

Für die Ofen-Kartoffeln: Die Kartoffeln waschen und ungeschält einzeln in ein genügend großes Stück Alufolie wickeln. Die Alupäckchen eine Stunde neben den Bräter in den Ofen legen und die Kartoffeln mitgaren. Nach dem Garen die Alufolien öffnen und die Kartoffeln mit der Gabel aufbrechen und in den Folien – damit sie schön heiß bleiben – zum Lamm servieren.

*D*ie Küche der grünen Insel ist gehaltvoll und kräftig, wie das dunkle „Stout-Bier", wie der Whiskey und das berühmteste Gericht, das „Irish Stew", das in allen internationalen Kochbüchern zu finden ist. Kenner wissen vor allem das zarte, würzige Lammfleisch aus Irland zu schätzen, das von Tieren stammt, die im milden Seeklima und in nahezu unbelasteter Natur heranwachsen. Eine Delikatesse sind die Lammstelzen mit Minzsauce, denen ein Hauch von Whiskey das typische Aroma verleiht.

TAFELSPITZ MIT APFEL-MEERRETTICH-SAUCE

Für den Tafelspitz:
2 Zwiebeln
100 g Sellerieknolle
2 mittelgroße Möhren
1 Petersilienwurzel
1 kleine Stange Lauch
1 Bund glatte Petersilie
1 Lorbeerblatt
1 EL schwarze Pfefferkörner
1 TL Salz
1 kg gut abgehangener Tafelspitz (beim Metzger vorbestellen)

Für die Apfel-Meerrettich-Sauce:
3 mittelgroße säuerliche Äpfel
1 EL Zitronensaft
½ TL Zucker
Salz
1 Gewürznelke
1 kleines Stück Zimtstange
1 TL Essig
200 g frische Meerrettichwurzel

Tips:
Zu diesem klassischen Gericht kann man in Dampf gegarte und in Butter geschwenkte Möhren und Lauchstangen reichen sowie kleine, in Öl und Butter knusprig braun gebratene Kartoffeln. Die Brühe ist eine feine Suppengrundlage.

Für den Tafelspitz: Zwiebeln, Sellerieknolle, Möhren und Petersilienwurzel schälen und grob zerkleinern. Vom Lauch grobe grüne Blätter und Wurzeln abschneiden, gründlich waschen und in Stücke schneiden. Die Petersilie abspülen und die Hälfte grob hacken. Das Gemüse mit den Gewürzen in einen großen Topf geben. Etwa 1¾ Liter Wasser zugeben, so daß damit später der Tafelspitz bedeckt ist. Gemüse und Gewürze im verschlossenen Topf 10 Minuten sanft kochen. Den Tafelspitz kalt abspülen, mit der Fettseite nach oben in die Brühe legen (das Fett auf keinen Fall abschneiden, nach Geschmack nach dem Kochen entfernen). Die Brühe mit dem Fleisch bei verstärkter Hitze zum Sieden bringen, wieder herunterschalten und die Brühe auf dem Siedepunkt halten, sie darf nicht kochen. Den Deckel etwas schräg auflegen. Das Fleisch in 3 bis 3½ Stunden siedend garen, so bleibt es herrlich saftig. Den Tafelspitz aus der Brühe heben und in 1 cm dicke Scheiben schneiden, auf einer vorgewärmten Platte anrichten. Die Scheiben mit etwas Brühe beträufeln, damit das Fleisch glänzt und nicht austrocknet. Die restlichen

Petersilienblättchen fein hacken und über das Fleisch streuen.
Für die Apfel-Meerrettich-Sauce: Die Äpfel schälen, vierteln und Kerngehäuse herausschneiden. Äpfel würfeln, in einen Topf geben und mit Zitronensaft beträufeln. Mit Zucker, einer Prise Salz, den Gewürzen, dem Essig und ¼ Liter Wasser im geschlossenen Topf 15 bis 20 Minuten garen. Ab und zu einmal umrühren. Die Meerrettichwurzel schälen und auf der Reibe fein raffeln oder im elektrischen Blitzhacker zerkleinern. Gewürznelke und Zimtstange aus dem Topf nehmen. Die Äpfel zerdrücken. Den Meerrettich unterrühren. Die Sauce abschmecken und zum Fleisch servieren.

*D**en besten Tafelspitz soll es im Hotel Sacher in Wien geben. Sein legendärer Ruf stammt aus der Kaiserzeit, als sich unter der Regie von Anna Sacher eine Küche mit feinster Hausmannskost entwickelte.*

RHEINISCHER SAUERBRATEN

1 Möhre
3 Zwiebeln
¼ Liter Rotweinessig
Salz
2 Nelken
5 Wacholderbeeren
10 schwarze Pfefferkörner
½ TL gelbe Senfkörner
2 Lorbeerblätter
5 Korianderkörner
1 kg Rinderbraten aus der
Keule
100 g Rosinen
4 EL Sonnenblumenöl
2 Printen oder
50 g Saucen-Lebkuchen
1 TL Rüben- oder Apfel-
kraut
schwarzer Pfeffer aus der
Mühle

Die Möhre schälen und in Stücke schneiden. Die Zwiebel schälen und in Scheiben schneiden. Den Essig mit ½ Liter Wasser, einem Teelöffel Salz und den Gewürzen aufkochen und abkühlen lassen. Das Fleisch abspülen und in eine Schüssel legen, das Gemüse darauf verteilen und den Essigsud darübergießen. Die Schüssel mindestens 2 Tage, höchstens eine Woche zugedeckt kühl stellen. Vor der Zubereitung die Rosinen mit Wasser bedeckt einweichen. Das Fleisch aus der Marinade nehmen und mit Küchenpapier trockentupfen. Das Öl in einem Bräter stark erhitzen und das Fleisch rundum darin braun anbraten. Das Gemüse zugeben, unter Wenden kurz mit anschmoren. Die Marinade durch ein Sieb gießen und ½ Liter davon zum Braten geben. Den Topf schließen und den Braten 30 Minuten bei sanfter Hitze schmoren. Die Rosinen samt der Einweichflüssigkeit und den in Stückchen gebrochenen Printen zugeben. Unter gelegentlichem Rühren den Braten weitere 30 Minuten garen. Dann die Sauce mit Rübenkraut, Salz und frisch gemahlenem Pfeffer süß-sauer abschmecken. Im Rheinland serviert man zum Sauerbraten Kartoffelklöße und

Apfelmus. In Jahreszeiten, in denen Printen oder Saucen-Lebkuchen schlecht erhältlich sind, verwenden die Hausfrauen als Ersatz die entsprechende Menge Rheinisches Schwarzbrot.

Der Sauerbraten, auf Kölsch „Surbrode", ist im Bereich der rheinischen Metropole ein echtes Sonntagsessen. Feinschmecker wissen, daß er mit Pferdefleisch zubereitet am besten schmeckt. Noch bis in die 50er und 60er Jahre genoß in der Domstadt der Pädsmetzger August Pitsch nicht nur legendären Ruf als Bratenlieferant. Er bot die Spezialität in einer eigens dafür eingerichteten Gaststätte auf der Speisekarte an. Pferdefleisch ist heute, bis auf sehr wenige Ausnahmen, aus dem Angebot verschwunden. Und so wird der Sauerbraten mit Rindfleisch zubereitet.

Gefüllte Koteletts mit Paprikagemüse

Für das Gemüse:
100 g durchwachsener
Räucherspeck
200 g Zwiebeln
3 Knoblauchzehen
500 g rote Paprikaschoten
200 g Tomaten
20 g Butterschmalz
2 TL scharfes Paprika-
pulver
Salz
schwarzer Pfeffer aus der
Mühle

Für die Koteletts:
4 nicht zu dünne Schweinekoteletts vom oberen
Rippenstück, je 180 g
2 kleine Zwiebeln
200 g Pfifferlinge oder
Champignons
30 g Butterschmalz
Salz
schwarzer Pfeffer aus der
Mühle
½ Bund glatte Petersilie
2 Eier
40 g Paniermehl
2 EL Mehl
4 EL Sonnenblumenöl

Töltött sertéskaraj paprikàval
Für das Paprikagemüse: Den Speck
sehr klein würfeln. Zwiebeln und
Knoblauchzehen schälen und die
Zwiebeln würfeln. Paprikaschoten
halbieren, die Stiele sowie das
Kerngehäuse herausschneiden.
Die Schoten ausspülen, vierteln
und in Streifen schneiden. Die
Tomaten mit kochend heißem
Wasser übergießen, kurz stehen
lassen, kalt abschrecken und pellen. Das Tomatenfleisch würfeln.
In einer Kasserolle bei guter
Mittelhitze den Speck auslassen.
Butterschmalz und Zwiebeln
zugeben, den Knoblauch durch
die Knoblauchpresse zufügen und
glasig braten. Paprikapulver
unterrühren. Paprika und Tomaten
zugeben und 5 Minuten mitbraten. Gemüse mit Salz und Pfeffer
abschmecken und bei sanfter
Hitze zugedeckt in 10 Minuten
fertig garen. Nach Bedarf noch
3 bis 4 Eßlöffel Wasser unterrühren.
Für die Schweinekoteletts: Die
Koteletts mit kaltem Wasser abspülen, mit einem spitzen, scharfen Messer Taschen einschneiden.
Zwiebeln schälen und klein würfeln. Die Pilze abbrausen und
abtropfen lassen, im elektrischen
Blitzhacker fein zerkleinern oder
ganz fein hacken. In einer Kasse-

rolle das Butterschmalz erhitzen
und die Zwiebeln glasig braten.
Die Pilze untermischen und braten, bis die austretende Flüssigkeit verdampft ist. Auf sanfte
Hitze stellen. Pilze mit Salz und
Pfeffer abschmecken. Die Petersilie abspülen, die Blättchen fein
hacken. Die Eier verquirlen und
mit der Petersilie und dem
Paniermehl unterrühren, bis sich
die Masse vom Topf löst. Die
Koteletts damit füllen und mit
Hölzchen zustecken. Das Fleisch
salzen und pfeffern, leicht in
Mehl wenden. Das Öl in einer
Pfanne erhitzen und die Koteletts
von beiden Seiten braun braten.
Darauf achten, daß das Fleisch
am Knochen durchbrät. Koteletts
mit dem Gemüse servieren, dazu
noch Kartoffeln und Reis reichen.

*Ob in einer „Csarda", einem
bäuerlichen Gasthof, oder
in einem Restaurant, Schweinefleisch und Paprika sind in vielen
Variationen ein Standardgericht
auf den Speisekarten.*

KANINCHEN IN WÜRZIGER TOMATENSAUCE

1 küchenfertiges
Kaninchen, möglichst mit
Innereien von 1,1 kg
Salz
2 mittelgroße Zwiebeln
4 Knoblauchzehen
4 ½ EL Olivenöl
1 Lorbeerblatt
80 g Schweinebauch mit
Schwarte bzw. Speck
je ½ Teelöffel gemahlener
Zimt und Piment
1 kleine Dose gepellte
Tomaten, 400 g Füll-
gewicht
100 g grüne Tiefkühl-
Erbsen oder frische

Tip:
Es zeugt vom Einfallsreich-
tum der maltesischen
Hausfrauen, daß sie aus
einem Gericht zwei Gänge
machen. Die Kaninchen-
teile werden nach dem
Garen aus der Sauce
genommen und warm-
gehalten. Zuerst kommt die
würzige Sauce mit Nudeln
als Vorgericht auf den
Tisch. Es folgt als Haupt-
gericht das Kaninchen-
fleisch mit Kartoffeln als
Beilage. So sollte man es
beim Nachkochen des
Kaninchens auch halten!

Fenekata
Das Kaninchen mit der Geflügelschere in Portionsstücke schneiden. Die Innereien, Leber, Herz
und Nieren (falls mit dabei) her-
ausnehmen und kühl stellen. Die
Kaninchenteile kalt abspülen, mit
Küchenpapier abtrocknen und mit
etwas Salz, insgesamt 1½ Tee-
löffel, einreiben. Zwiebeln und
Knoblauchzehen schälen, nur die
Zwiebeln würfeln. 4 Eßlöffel
Olivenöl in einem großen Bräter
oder in einer Pfanne mit Deckel
erhitzen. Das Lorbeerblatt sowie
Zwiebeln und Knoblauchzehen
hineingeben und diese bei guter
Mittelhitze glasig werden lassen.
Die Kaninchenteile und den
Speck untermischen und unter
Wenden hellbraun anbraten.
Zimt und Piment überstreuen.
Die Tomaten sowie ¼ Liter
heißes Wasser unterrühren und
aufkochen lassen. Den Deckel
aufsetzen und das Kaninchen bei
sanfter Hitze in 1¼ Stunden
garen, bis sich das Fleisch von
den Knochen lösen läßt. Den
Backofen auf 100 °C vorheizen.
Die Innereien abspülen, mit
Küchenpapier trockentupfen, in
kleine Stückchen schneiden und
in ½ Eßlöffel Olivenöl rundum in
5 Minuten braten. Kaninchen-
fleisch aus der Sauce nehmen

und in einer vorgewärmten
Schüssel zugedeckt im Backofen
warm halten. Die Erbsen und die
Innereien in die Sauce geben und
5 Minuten sanft köcheln lassen.
Speck in kleine Würfel schneiden,
in die Sauce geben und diese zu
gekochten Nudeln reichen. Danach werden die Kaninchenteile
mit angebratenen Pellkartoffeln
serviert.

Wenn auf Malta am 29. Juni
zu Ehren der Schutzpatrone
Peter und Paul das Fest von
Mnarja gefeiert wird, darf der tra-
ditionelle Kaninchenbraten nicht
fehlen. Man genießt ihn ausgie-
big mit Wein und dem einhei-
mischen Brot. Kaninchen, „fenek",
wird auf vielerlei Arten zuberei-
tet, mit Gewürzkombinationen,
die nicht zuletzt auf die geogra-
phische Lage der Insel zwischen
Südeuropa und Nordafrika
zurückzuführen sind. So treffen
bei der „Fenekata" Orient und
Okzident zusammen. Zimt und
Piment, dazu Schweinespeck und
grüne Erbsen harmonieren dabei
auf köstliche Weise.

STEIRISCHES HIRSCHRAGOUT

1 Lorbeerblatt
1 TL schwarze Pfeffer-
körner
6 Pimentkörner
5 Wacholderbeeren
1 kleiner Zweig getrockneter Thymian (ersatzweise
1 TL getrockneter Thymian)
Salz
600 g Hirschfleisch aus
der Schulter
1 mittelgroße Zwiebel
1 mittelgroße Möhre
100 g Sellerieknolle
1 kleine Petersilienwurzel
3 EL Sonnenblumenöl
1 EL Mehl
$1/16$ Liter Rotwein
3 EL Crème fraîche
1 EL Zitronensaft
2 EL Preiselbeerkompott
1 Prise geriebener Muskat
schwarzer Pfeffer aus der
Mühle

Tips:
Als Beilage serviert man
zum Wild gerne Kartoffel-
knödel oder Bandnudeln.
Der für das Hirschragout
verwendete Wein sollte
unbedingt ein roter
Schilcher sein, der typisch
steirische Wein aus der
blauen Wildbacher Traube.

Einen Liter Wasser in einen Topf geben und mit dem Lorbeerblatt, den Pfeffer- und Pimentkörnern, den Wacholderbeeren und dem Thymian sowie einem knappen Teelöffel Salz aufkochen. Das Fleisch abspülen und hinein-legen, in 45 Minuten auf dem Siedepunkt halten und garen, bis es fast weich ist. Die Zwiebel schälen und kleinwürfeln. Die Möhre, die Sellerieknolle und die Petersilienwurzel schälen und ebenfalls in kleine Würfel schnei-den. Den Backofen auf 200 °C vorheizen. In einem ofenfesten Bräter das Öl erhitzen und das Gemüse darin anrösten, bis es sich zu bräunen beginnt. Das Hirschfleisch aus der Brühe neh-men, in kleine Würfel schneiden und unter das Gemüse mischen. $1/8$ Liter von der Brühe zugießen und das Fleisch zugedeckt noch 30 Minuten in Backofenmitte garen, zwischendurch einmal umrühren. Den Bräter aus dem Ofen nehmen, Fleisch und Gemüse mit dem Mehl bestäuben und unterrühren. Den Rotwein unterrühren und das Ragout noch einmal bei guter Mittelhitze auf-kochen. Die Crème fraîche zuge-ben, eventuell auch noch ein wenig durchgesiebte heiße Brühe, den Zitronensaft und das Preisel-beerenkompott unterrühren. Mit geriebenem Muskat, Salz und Pfeffer abschmecken und sofort servieren.

*D*ie Alpenrepublik ist noch immer ein bedeutendes Wildreservoir. Das liegt am Wald-reichtum und an der charakteri-stischen Gebirgslandschaft, die dem Wild Lebensraum und Zuflucht vor den Auswüchsen der Zivilisation bieten. Die Südsteier-mark darf noch vor Tirol als die an Rotwild reichste Region ange-sehen werden mit einem großen Bestand an Auhirschen. So kennt die steirische Wildbretküche eine Reihe bodenständiger und un-verfälschter Rezepte, wobei jede Hausfrau, jeder Koch stolz ist auf die eigene Spielart eines Gerich-tes. Die neue österreichische Küche verzichtet meist auf langes Abhängen und Beizen des Wild-brets und beläßt ihm sein charak-teristisches Aroma.

Ente mit Portweinsauce
Lamm auf Schäfer Art

ENTE MIT PORTWEINSAUCE

1 küchenfertige, nicht zu fette Flugente von 1,5 kg
Salz
schwarzer Pfeffer aus der Mühle
1 EL Sonnenblumenöl
50 g Frühstücksspeck in dünnen Scheiben
1/8 Liter roter Portwein
Saft von 1 Zitrone
2 EL Orangenmarmelade
Saft von 1/2 Orange
1 TL Worcestersauce
1 Prise Cayennepfeffer

LAMM AUF SCHÄFER ART

750 g mehlig kochende Kartoffeln
1/4 Liter Milch
30 g Butter
Salz
600 g Lammfleisch aus der Keule
je 1 mittelgroße Zwiebel und Möhre
40 g Butterschmalz
1 TL Mehl
200 ml Brühe (Instant)
schwarzer Pfeffer aus der Mühle
1 gehäufter TL Majoran
1 kleine Dose weiße Bohnen, 400 g Füllgewicht
1/2 Becher süße Sahne (100 ml)
1 Ei
50 g geriebener Cheddar-Käse

ENTE MIT PORTWEINSAUCE
Duck with port wine sauce

Den Backofen auf 175 °C vorheizen. Die Ente außen und innen kalt abspülen, abtrocknen und leicht mit Salz und Pfeffer einreiben. Einen ovalen Bräter mit Öl einpinseln. Die Ente mit der Brust nach oben in den Bräter legen und mit den Speckscheiben bedecken. Die Ente 30 Minuten im Backofen braten. 1/8 Liter heißes Wasser in den Bräter gießen und weitere 30 Minuten garen. Die Ente aus dem Backofen nehmen. Den Speck warm halten. Ente entlang dem Brustbein zwei- bis dreimal einschneiden. Portwein und Zitronensaft verrühren, über die Ente gießen und noch 10 Minuten in den Backofen stellen. Dann die Ente auf eine vorgewärmte Platte legen und im ausgeschalteten Backofen warm halten. Von dem Fond das Fett abschöpfen, Marmelade, Orangensaft und Worcestersauce unterrühren, Sauce erneut erhitzen und mit Cayennepfeffer, Salz und Pfeffer abschmecken. Ente tranchieren, Speck zu den Stücken legen und dazu Sauce servieren. Als Beilage passen dazu Kartoffelpüree oder -kroketten.

LAMM AUF SCHÄFER ART
Shepherd's pie

Kartoffeln schälen, vierteln und knapp mit Wasser bedeckt weich kochen. Die Kartoffeln in ein Sieb geben, das Wasser auffangen und die Kartoffeln durch das Sieb dazudrücken. Milch erhitzen, mit Butter und einem Teelöffel Salz unter die Kartoffeln rühren. Das Püree beiseite stellen. Das Fleisch klein würfeln. Die Zwiebel und die Möhre schälen und fein würfeln. Das Butterschmalz in einem Bräter stark erhitzen und zuerst das Fleisch anbraten, dann Zwiebel und Möhre 5 Minuten mitschmoren. Das Mehl überstreuen und unterrühren. Die Brühe zugießen, unterrühren und aufkochen lassen. Das Fleisch mit Salz, Pfeffer und Majoran würzen und 20 Minuten zugedeckt bei Mittelhitze schmoren. Den Backofen auf 200 °C vorheizen. Bohnen in einem Sieb abtropfen lassen, mit der Sahne unter das Fleisch rühren. Alles einmal aufkochen lassen, abschmecken. Das Fleisch in eine Auflaufform geben, mit dem Kartoffelpüree bedecken. Das Ei verquirlen und auf das Püree streichen, alles mit Käse bestreut 40 Minuten überbacken.

RINDERFILET MIT PILZEN

50 g getrocknete Steinpilze
1 kg mittelgroße, fest-
kochende Kartoffeln
600 g gut abgehangenes
Rinderfilet
40 g Butter
Salz
schwarzer Pfeffer aus der
Mühle
1 TL Mehl
100 g Crème fraîche
½ Becher süße Sahne
(100 ml)
½ Bund krause Petersilie

Wołowina z grzybami
Die Pilze mindestens 2 Stunden vor der Zubereitung in ½ Liter Wasser einweichen, dann in ein Sieb geben. Das Einweichwasser aufheben. Die Kartoffeln schälen und in Scheiben schneiden. Das Filet kalt abspülen, mit Küchenpapier abtrocknen und das Fleisch quer, entlang der Faser, in der Mitte durchschneiden. Die Butter erhitzen und die Filetscheiben bei guter Mittelhitze von jeder Seite eine Minute kurz anbraten, mit Salz und Pfeffer bestreuen. Eine Seite mit den Pilzen belegen, mit der anderen Seite bedecken. Den Pilzsud darübergießen und aufkochen lassen. Die Kartoffelscheiben mit Salz und Pfeffer bestreuen und rund um das Filet legen. Den Deckel auf die Pfanne setzen und den Herd auf sanfte Mittelhitze schalten. Das Gericht 20 Minuten schmoren lassen. Die Pfanne zwischendurch vorsichtig schütteln, damit die Kartoffeln nicht ansetzen. Mehl mit Crème fraîche und Sahne verrühren und über das Gericht gießen, vorsichtig schütteln und unter die Kartoffeln heben. Alles noch 10 Minuten sanft garen. Petersilie abspülen, Wasser abschütteln und die Blättchen fein hacken. Vor dem Ser-

vieren die Petersilie über das Gericht streuen. Zu diesem Gericht schmeckt ein würziges Bier.

Im Herbst, wenn es frische Steinpilze gibt, kann das Gericht auch damit oder mit frischen Pfifferlingen zubereitet werden. Benötigt wird davon die doppelte Menge. Zuvor die geputzten Pilze leicht in Butter anbraten und dann zwischen die Filetscheiben legen. Statt Pilzsud wird die entsprechende Menge Fleischbrühe zugegossen. Steinpilze, Pfifferlinge und Morcheln mit ihren wabenartigen Köpfen wachsen vom Spätsommer bis in den Herbst in den weitläufigen polnischen Wäldern so reichlich, daß sie zu einem wichtigen Exportgut geworden sind. Polnische Pilze sind in der ganzen Welt begehrt. In der Pilzzeit bereichern sie fast jedes Gericht. Dann werden sie auch auf Schnüre aufgefädelt und getrocknet, in Essig mariniert und eingemacht oder in Salz eingelegt.

PUTENRAGOUT MIT APRIKOSEN

500 g Putenschnitzel
3 mittelgroße Zwiebeln
40 g Butter
1/8 Liter Tomatensaft
1/8 Liter trockener
Weißwein
1 gestrichener TL Zucker
1/2 TL mildes Paprikapulver
1 kleines Stück Zimtstange
1/2 EL Mehl
2 TL Weißweinessig
400 g eingemachte
Aprikosen
2 Lorbeerblätter
Salz
1 Knoblauchzehe
je 2 Zweige Dill und glatte
Petersilie

Tip:
*Das Gericht kann natürlich
auch mit richtig reifen
frischen oder tiefgekühlten
Aprikosen zubereitet
werden. Dann das Obst
zehn Minuten früher zum
Fleisch geben und wie
beschrieben garen.*

Indeika s abrikosami
Die Putenschnitzel kalt abspülen, mit Küchenpapier trockentupfen und in Würfel mit 3 cm Kantenlänge schneiden. Die Zwiebeln schälen und fein würfeln. Die Hälfte der Butter in einer großen Pfanne erhitzen, das Fleisch 5 Minuten bei starker Hitze anbraten und in einen Bräter legen. Die Zwiebeln im verbliebenen Fett glasig werden lassen, Tomatensaft und Wein zugießen und aufkochen. Zucker, Paprikapulver und den Zimt unterrühren und die Sauce über die Fleischwürfel gießen. Das Fleisch bei sanfter Hitze 30 Minuten schmoren. Die restliche Butter erhitzen, mit dem Schneebesen das Mehl darin verrühren und kurz anschwitzen. Essig mit 1/8 Liter Wasser unterrühren und aufkochen. Die Aprikosen in ein Sieb geben und abtropfen lassen, mit der Mehlschwitze unter das Fleisch rühren. Lorbeerblätter zufügen und alles mit Salz abschmecken. Das Ragout noch 10 Minuten schmoren. Den Knoblauch schälen, durch die Knoblauchpresse dazugeben und unterrühren. Dann das Gericht auf dem ausgeschalteten Herd noch 5 Minuten ziehen lassen. Dill und Petersilie abspülen und die Blättchen fein hacken. Vor dem Servieren über das Gericht streuen. Dazu schmeckt Reis.

Die Moldauische Republik, die von den Flüssen Pruth und Dnjestr begrenzt wird und an das Schwarze Meer stößt, besitzt eine besonders eigenwillige Küche. Inspiriert wurde sie sowohl vom Orient als auch von Europa, bedingt durch die geographische Lage. Seit der Antike führten Handelswege zwischen Mitteleuropa und Ostsee zum Schwarzen Meer und zum Mittelmeer durch dieses an Rumänien grenzende Gebiet. Die Moldauische Republik gehörte einst zum Osmanischen Weltreich. Im fast südlichen Klima gedeihen Auberginen, Tomaten und vor allem Wein. Viele Gerichte, wie auch dieses Putenragout, zeigen eine nahe Verwandtschaft zur griechischen und türkischen Küche.

SAUERKRAUTTOPF
MEERRETTICH-HACKSTEAKS

SAUERKRAUTTOPF

600 g Schweinefleisch
vom Hals
1 EL Sonnenblumenöl
100 g Räucherspeck
500 g Sauerkraut
100 g Perlgraupen
2 Zwiebeln
Salz
1 TL Zucker
weißer Pfeffer aus der
Mühle

MEERRETTICH-
HACKSTEAKS

600 g Rinderhack
3 mittelgroße Zwiebeln
1 Ei
2 Scheiben Roggen-
Knäckebrot
Salz
weißer Pfeffer aus der
Mühle
2 TL getrockneter Majoran
3 EL Mehl
3 EL Sonnenblumenöl
200 ml Fleischbrühe
(Instant)
100 g frischer Meerrettich
20 g Butter
200 g saure Sahne

SAUERKRAUTTOPF
Mulgikapsad

Den Backofen auf 175 °C vorheizen. Das Fleisch abspülen, mit Küchenpapier abtrocknen, in dünne Scheiben schneiden und diese vierteln. Einen ofenfesten Bräter mit Öl einpinseln und das Fleisch auf dem Boden verteilen. Speck fein würfeln und die Hälfte auf das Fleisch streuen. Alles mit dem Sauerkraut bedecken, Graupen überstreuen und so viel Wasser zugießen, daß alle Zutaten bedeckt sind. Das Kraut zugedeckt für 1 ½ Stunden in den Backofen schieben. Zwiebeln schälen und fein würfeln. Den restlichen Speck in der trockenen Pfanne ausbraten, die Zwiebeln darin glasig braten und alles unter das fertig gegarte Gericht mischen. Dieses mit Salz, Zucker und Pfeffer abschmecken. Dazu schmeckt dunkles Bauernbrot.

MEERRETTICH-HACKSTEAKS
Bifšteksas su krienų padažu

Fleisch in eine Schüssel geben. Zwiebeln schälen und fein hacken. Ein Drittel der Zwiebeln mit dem Ei zum Fleisch geben. Eine Scheibe Knäckebrot mit wenig Wasser einweichen, ausdrücken, zerbröseln mit einem Teelöffel Salz, einer guten Prise Pfeffer und Majoran in die Schüssel geben. Alles gründlich verkneten, 8 flache Hacksteaks formen, diese in Mehl wenden. Öl in der Pfanne erhitzen und die Steaks je 2 Minuten auf jeder Seite braten und in eine Auflaufform legen. Die Brühe in die Pfanne gießen und unter Rühren den Satz aufkochen. Den Backofen auf 175 °C vorheizen. Meerrettich und die zweite Scheibe Knäckebrot fein reiben. Butter erhitzen. Das Knäckebrot mit dem restlichen Mehl darin leicht bräunen und mit dem Meerrettich vermischen. Alles mit den restlichen Zwiebeln über den Hacksteaks verteilen. Die saure Sahne unter den Saucenfond in der Pfanne rühren, über das Gericht gießen und es 35 Minuten in Backofenmitte zugedeckt garen. Dazu reicht man Salzkartoffeln.

Gans auf pommersche Art

Für 6–8 Personen

250 g Backpflaumen
500 g Äpfel
2 EL Zucker
5 EL trockenes, geriebenes
Schwarzbrot
20 ml Weinbrand
½ TL Zimtpulver
1 küchenfertige Gans
von 4–5 kg, rechtzeitig
vorbestellt oder tiefgekühlt
(in etwa 36 Stunden lang-
sam im Kühlschrank
auftauen lassen)
Salz
1 EL Mehl
½ Becher süße Sahne
(100 ml)
3 EL Apfelmus aus dem
Glas
schwarzer Pfeffer aus
der Mühle

Tips:
*Klassische Beilagen zu
diesem Gänsegericht sind
gedünsteter Rotkohl, Kar-
toffelklöße und natürlich
die köstliche Füllung.
Früher, als es die Gänse
noch nicht küchenfertig
vorbereitet gab, sondern
sie frisch geschlachtet
wurden, bereitete man in
Pommern aus dem Gänse-
blut und dem Gänseklein
das Gänseschwarzsauer,
eine süß-saure Suppe.*

Die Backpflaumen über Nacht mit Wasser bedeckt einweichen und entsteinen. Die Äpfel schälen, vierteln, die Kerngehäuse heraus-schneiden und die Viertel in Stücke schneiden. Die Äpfel mit dem Zucker, den Schwarzbrot-bröseln, dem Weinbrand und dem Zimt mischen. Die abge-tropften Backpflaumen dazu-geben. Den Backofen auf 175 °C vorheizen. Die Gans innen und außen abspülen, mit Küchen-papier abtrocknen und innen mit Salz einreiben. Mit der Backpflau-men-Mischung füllen. Die Öff-nung mit Küchengarn zunähen. Die Flügel der Gans unter den Rücken drehen und auf den Bratrost des Backofens legen. Die Bratenpfanne mit ⅛ Liter heißem Wasser in den unteren Ofen-bereich schieben, den Bratrost mit der Gans darüber setzen. Diese 3½ bis 4 Stunden braten. Nach ½ Stunde Bratzeit unter den Keulen mehrmals mit einer dicken Nadel einstechen, damit das Fett austreten kann. Während der Bratzeit immer wieder heißes Wasser in der Bratenpfanne nach-füllen. 15 Minuten vor Ende der Garzeit die Gans mit eiskaltem Salzwasser einpinseln, damit sie knusprig wird. Dabei den Back-ofen auf 250 °C hochschalten.

Dann die Gans auf eine Platte legen und im ausgeschalteten Ofen warm halten. Das Fett in der Bratenpfanne zum größten Teil abgießen, es kann für Gänse-schmalz verwendet werden. Den Bratfond mit heißem Wasser auf ½ Liter auffüllen, den Satz auf dem Herd loskochen und in eine Kasserolle gießen. Mehl in der Sahne glattrühren und den Fond damit andicken. Apfelmus unter-rühren und die Sauce mit Salz und Pfeffer abschmecken. Die Gans öffnen und die Füllung daneben anrichten, mit der Sauce servieren.

*Die Gänse aus Mecklenburg und Pommern waren von jeher durch ihre Schmackhaftig-keit und ihr zartes Fleisch berühmt. Kein Wunder, durften sie sich doch im Herbst auf den Stoppelfeldern die Körnerreste einverleiben. So kennt die Region eine ganze Reihe guter Gänse-rezepte wie die Spickgans, eine geräucherte Gänsebrust.
„Ne gaude bradne Gans is ne gaude Gabe Gods"
(Pommersches Sprichwort)*

GESCHMORTE KALBSHAXE

2 mittelgroße Zwiebeln
je 250 g Möhren, Stauden-
sellerie und Tomaten
1 Kalbshaxe von etwa
1,2 kg (vom Fleischer in
Scheiben geschnitten)
Salz
schwarzer Pfeffer aus der
Mühle
2 EL Mehl
50 g Butter
¼ Liter trockener
Weißwein
½ unbehandelte Zitrone
2 Knoblauchzehen
1 Bund glatte Petersilie
4 Anchovisfilets

Tip:
*Die Knoblauch-Petersilien-
Anchovismischung heißt
„gremolata" und schmeckt
nicht nur zur Kalbshaxe,
sondern würzt auch
andere geschmorte
Fleischgerichte.*

Ossobuco
Die Zwiebeln schälen und sehr klein würfeln. Das Gemüse putzen und ebenfalls in Würfelchen schneiden. Die Tomaten mit kochendem Wasser übergießen, kurz stehen lassen, pellen und das Tomatenfleisch würfeln. Die Fleischscheiben abspülen und mit Küchenpapier abtrocknen. Dann leicht mit Salz und Pfeffer einreiben und im Mehl wenden. Die Butter in einer Pfanne mit hohem Rand und Deckel erhitzen und die Fleischscheiben von beiden Seiten bei guter Mittelhitze braten, bis sie braun sind. Die Zwiebelwürfel zugeben und mitbraten, bis sie sich zu bräunen beginnen, das andere Gemüse zugedeckt beiseite stellen. Den Wein zugießen, etwas Salz und Pfeffer überstreuen und die Fleischscheiben in der geschlossenen Pfanne bei sanfter Hitze eine Stunde schmoren. Das gewürfelte Gemüse einschließlich der Tomaten zugeben und alles eine weitere Stunde sanft schmoren. Die Zitronenschale dünn abschälen, in feine Streifchen schneiden und in ein Schüsselchen geben. Den Knoblauch schälen und durch die Knoblauchpresse dazudrücken. Die Petersilie abspülen, Wasser abschütteln und die Blättchen fein hacken. Die Anchovis ebenfalls hacken und mit der Petersilie unter die Zutaten in dem Schüsselchen mischen. Das Gericht in der Pfanne mit Salz und Pfeffer abschmecken. Kurz vor dem Servieren die Mischung aus dem Schüsselchen darüberstreuen. Zu Ossobuco wird als Beilage Reis serviert.

D ie Lombardei zählt zu den reichsten Provinzen Italiens mit Mailand als Herzstück. Intensive Landwirtschaft und Viehzucht auf ausgedehnten Weiden sorgen für Überfluß. Hier regieren die Fleischtöpfe die Küchen. Würste, Schinken, Butter und Käse wie der würzige Gorgonzola und der sahnige Bel Paese bringen Feinschmecker zum Schwärmen. „Cotoletta milanese", das panierte und in Butter gebratene Kalbsschnitzel, wurde zum Vorbild für das Wiener Schnitzel. Ein weiterer köstlicher Klassiker ist die Kalbshaxe „ossobuco", die die lombardischen Hausfrauen ganz langsam über Stunden mit viel Geduld schmoren.

FLÄMISCHES BIERKANINCHEN

100 g durchwachsener gepökelter Gelderländer Speck
3 mittelgroße Zwiebeln
1 große Knoblauchzehe
1 große Möhre
60 g Butter
1 küchenfertiges, frisches Kaninchen von etwa 1,1 kg
Salz
schwarzer Pfeffer aus der Mühle
½ Liter braunes belgisches Bier
4 Baguettescheiben
1 EL Senf von Meaux oder ein anderer grobkörniger säuerlicher Senf
100 g Crème fraîche

Vlaams konijntje
Vom Speck die Schwarte abschneiden. Speck kleinwürfeln. Zwiebeln, Knoblauch und Möhre schälen und in kleine Würfel schneiden. In einer großen Deckelpfanne die Hälfte der Butter erhitzen. Den Speck bei guter Mittelhitze unter Wenden darin schön knusprig braten. Dann das Gemüse zufügen und kurz mitbraten, aber nicht braun werden lassen. Speck und Gemüse aus der Pfanne nehmen und beiseite stellen. Das Kaninchen kalt abspülen und mit Küchenkrepp abtrocknen, dann mit der Geflügelschere in Portionsstücke teilen. Restliche Butter in der Pfanne erhitzen und die Kaninchenteile braun anbraten. Fleisch mit Salz und Pfeffer bestreuen. Speck und Gemüse zurück in die Pfanne geben und das Bier zugießen. Die Weißbrotscheibchen mit der mit Senf bestrichenen Seite nach unten auf die Zutaten legen. Deckel aufsetzen und das Kaninchen bei sanfter Mittelhitze garen, bis sich das Fleisch leicht von den Knochen lösen läßt. Das dauert etwa 1 ¼ Stunden. Zwischendurch das Fleisch wenden und noch ¼ Liter heißes Wasser nachgießen. Kaninchenstücke in einer Schüssel warm stellen.

Gemüse mit dem Mixstab pürieren oder durch ein Sieb streichen. Crème fraîche unterrühren, die Sauce erhitzen, mit Salz und Pfeffer abschmecken und über das Kaninchen gießen. Zu diesem herzhaften „Stallhasen" serviert man Salzkartoffeln und warmes Apfelkompott oder in Butter gebratene heiße Apfelscheiben. Auch für Gäste ist das Gericht ideal, da sich das Kaninchen vorgaren läßt. Erst kurz vor dem Essen die Sauce fertigstellen. Wer kein belgisches Bier findet, kann auch ein dunkles bayerisches Bier oder ein Düsseldorfer Alt verwenden.

Kaninchenzüchten ist vor allem im flämischen Belgien ein traditionelles, liebevoll gepflegtes Hobby. Die Züchter treffen sich in Vereinen, und besonders gut gediehene Stallhasen ernten auf Zuchtschauen Medaillen. An der Spitze steht hier der „Flämische Riese", eine einheimische Rasse. Für den Kochtopf gibt es reiche Beute auf den Wochenmärkten. Belgische Kaninchen kann man aber auch in unseren Supermärkten bekommen.

ZÜRICHER GESCHNETZELTES MIT RÖSTI

Für die Rösti:
1 kg mehlig kochende
Kartoffeln
Salz
50 g Butterschmalz

**Für das Züricher
Geschnetzelte:**
4 Kalbsschnitzel à 150 g
2 Schalotten oder 1 kleine
Zwiebel
200 g Egerlinge
30 g Butterschmalz
5 EL trockener Weißwein
1 Becher süße Sahne
(200 g)
Salz
schwarzer Pfeffer aus der
Mühle

Tips:
*Durch Zugabe von Käse,
Zwiebeln, Speckwürfeln
oder Pilzen läßt sich das
Rösti auf leckere Weise
variieren. Zum Geschnet-
zelten wird es jedoch
immer aus Kartoffeln pur
zubereitet. Zürich verfügt
über eine genügende
Auswahl passender Haus-
weine, die an den Ufern
des Sees wachsen, wie
Riesling oder Silvaner,
oder auch ein weißer
Räuschling, der vor allem
zu Fisch serviert wird.
Zu Fleisch schenkt man
gerne einen leichten
Clevner aus der Blau-
burgundertraube ein.*

Züri-Geschnätzlets mit Röschti
Für die Rösti: Die Kartoffeln
waschen und mit Wasser bedeckt
12 bis15 Minuten kochen, sie
sollen nicht völlig gar sein. Die
Kartoffeln abgießen, mit kaltem
Wasser abschrecken und pellen.
Kartoffeln auf einer Reibe grob
raspeln, einen Teelöffel Salz vorsichtig untermischen. Den Backofen zum Warmhalten auf 100 °C
vorheizen. Kartoffeln in vier
Portionen teilen. Etwas Butterschmalz in einer beschichteten
Pfanne erhitzen. Einen Teil der
Kartoffeln in die Pfanne geben,
leicht zusammendrücken, so daß
ein runder Pfannkuchen von
etwa 18 cm Durchmesser entsteht. Diesen von jeder Seite in
7 bis 8 Minuten schön knusprig
braten. Für die zweite Seite noch
etwas Butterschmalz zugeben.
Rösti im Backofen warm halten,
bis die anderen gebraten sind.
Für das Züricher Geschnetzelte:
Kalbsschnitzel auf ein Brett legen
und mit der flachen Seite des
Fleischklopfers leicht flach klopfen. Die Schnitzel längs halbieren
und quer in schmale Streifen
schneiden. Die Schalotten schälen
und sehr klein würfeln. Die Egerlinge nur mit Küchenpapier abreiben, falls sehr schmutzig, in
einem Sieb abspülen, säubern

und das Wasser gründlich abschütteln. Die Pilze in dünne
Scheiben schneiden. Das Butterschmalz in einer Pfanne stark
erhitzen und das Fleisch in Portionen unter Wenden rasch hellbraun anbraten. Fleisch warm
stellen. Im verbliebenen Fett die
Schalotten eine Minute glasig
braten. Die Egerlinge zugeben
und braten, bis Saft auszutreten
beginnt. Dann den Wein und die
Sahne zugießen und unter
Rühren bei starker Hitze kochen,
bis die Sauce cremig wird. Das
Fleisch unter die Sauce mischen
und alles mit Salz und Pfeffer
abschmecken, zu den Rösti
servieren.

*In der Schweizer Banken- und
Handelsmetropole weiß man
gutes Essen zu schätzen, wie
„Züri-Geschnätzlets", zu dem
„Röschti" ein Muß ist. Berühmte
Gerichte sind außerdem „Zouft-
schriibertopf", gegrillte Fleisch-
stücke mit Gemüse, Champi-
gnons und Speck und das „Läbere-
Schpiessli", der Kalbsleberspieß
mit Speck und Salbei, dazu
Bohnen und Kartoffeln.*

Wachteln in Schokoladensauce

1 mittelgroße Zwiebel
2 Knoblauchzehen
3 kleine Möhren
4 frische, küchenfertige
Wachteln
schwarzer Pfeffer aus
der Mühle
Salz
3 EL Olivenöl
1 TL Mehl
2 EL Rotweinessig
$1/8$ Liter trockener Rotwein
$1/4$ Liter Hühnerbrühe
(Instant)
2 Lorbeerblätter
3 Gewürznelken
2 TL geraspelte Bitter-
schokolade
$1/2$ Bund glatte Petersilie

Tip:
*Auch Hähnchen oder
Kaninchen können auf
diese Weise zubereitet und
mit Schokolade verfeinert
werden.*

Cordonices con chocolate
Die Zwiebel schälen und in kleine Würfel schneiden. Den Knoblauch schälen und in Scheibchen schneiden. Die Möhren schälen und ebenfalls würfeln. Die Wachteln unter fließendem kaltem Wasser abspülen, mit der Geflügelschere halbieren und mit Küchenpapier trockentupfen. Die Geflügelteile mit Pfeffer und Salz einreiben. Das Olivenöl in einer Pfanne gut erhitzen und die Wachteln darin von beiden Seiten anbraten, bis sie sich zu bräunen beginnen. Das Gemüse zum Geflügel geben und kurz mit anbraten. Das Mehl darüber stäuben und untermengen. Alles mit Essig, Rotwein und Hühnerbrühe unter Rühren ablöschen. Lorbeerblätter und Gewürznelken dazugeben und alles bei sanfter Hitze zugedeckt 15 Minuten schmoren. Die Wachtelhälften aus der Sauce nehmen und warmstellen. Die Schokolade in die Sauce und unter das Gemüse rühren, bis sie sich aufgelöst hat. Die Sauce abschmecken. Die Petersilie abspülen, das Wasser abschütteln und die Blättchen fein hacken. Wachteln zurück in die Sauce geben, erneut erhitzen, mit Petersilie bestreuen und servieren. Dazu ißt man helles Bauernbrot und trinkt den Rotwein, der auch für die Sauce verwendet wurde.

*D*as Gold, das Christoph Kolumbus nach der Entdeckung Amerikas mitbrachte, war bald verbraucht. Dagegen profitiert nicht nur Spanien noch heute von damals nebensächlichen Mitbringseln, zu denen die Schokolade gehörte. Ihre Vorzüge wurden in Spanien bald erkannt. Die heiße Schokolade, süß und dickflüssig, avancierte zu den beliebtesten Frühstücksgetränken vor allem in Katalonien und auf den Balearen. Spanische Köche entdeckten, daß sich mit Schokolade Geflügel und Wildgerichte wunderbar würzen lassen. Sie gibt der Sauce einen pikanten Geschmack, den ein Schuß Essig oder Rotwein harmonisch abrundet.

HÄHNCHEN IN ROTWEIN

1 Masthähnchen von
etwa 1,2 kg
100 g Frühstücksspeck
150 g Schalotten
1 Knoblauchzehe
20 ml Tresterbranntwein,
(z.B. Marc de Bourgogne,
ersatzweise Cognac)
½ Liter guter roter
Burgunderwein
Salz
schwarzer Pfeffer aus der
Mühle
½ TL getrockneter
Thymian
200 g Champignons
40 g weiche Butter
1 EL Mehl
1 Blättchen Selleriekraut
½ Bund glatte Petersilie

Coq au vin de Bourgogne
Das Hähnchen unter fließendem
kaltem Wasser innen und außen
abspülen und mit Küchenpapier
trockentupfen. Das Hähnchen
mit der Geflügelschere oder
einem scharfen Fleischmesser in
Portionsstücke teilen. Den Speck
würfeln, Schalotten und Knoblauch schälen und fein würfeln.
In einem Bräter den Speck bei
guter Mittelhitze auslassen und
die Hähnchenteile darin anbraten, Schalotten und Knoblauch
mitbraten, bis sie sich hellbraun
färben. Alles mit dem Tresterbranntwein ablöschen. So viel
Rotwein zugießen, daß das
Fleisch knapp bedeckt ist. Das
Hähnchen mit wenig Salz, Pfeffer
und Thymian würzen und 50 bis
60 Minuten schmoren. Die
Champignons mit Küchenpapier
oder mit Wasser säubern und
blättrig schneiden. Die Hälfte der
Butter mit dem Mehl vermengen,
dann unter das Gericht rühren
und dieses 5 Minuten sanft wei-
terkochen lassen. Selleriekraut
und Petersilie abspülen und die
Blättchen hacken. Die restliche
Butter in der Pfanne erhitzen,
Champignons, Selleriekraut und
Petersilie unter Wenden 3 Minuten dünsten und unter die Hähnchenteile mischen. Das Gericht

mit Salz und Pfeffer abschmecken.
Zu dem Gericht reicht man einfach Weißbrot oder in Butter
geschwenkte Bandnudeln und
trinkt dazu natürlich den
gleichen Burgunder, in dem das
Hähnchen gegart wurde.

*Typisch ist für Burgund, wie
auch für die anderen großen
Weinregionen Frankreichs, edle
Tropfen nicht nur aus dem Glas
zu genießen, sondern damit auch
Gerichten Würze zu verleihen,
wie bei „Coq au vin", Hähnchen
in Wein. Geflügelgerichte sind in
der französischen Küche über-
haupt sehr beliebt. Dabei verwendet jede Region zum Würzen ihre
typischen Produkte, das Elsaß
seinen Riesling, die Normandie
ihren Calvados und die Provence
außer ihrem Wein duftende
Kräuter wie auch Knoblauch und
Tomaten.*

FLEISCHSPIESSE MIT PAPRIKA-PÜREE

Für das Paprika-Püree:
400 g rote Paprikaschoten
400 g Auberginen
1 EL Zitronensaft
2 Knoblauchzehen
Salz
2 EL Rotweinessig
⅛ Liter kaltgepreßtes
Olivenöl

Für die Fleischspieße:
400 g Kalbfleisch aus der
Keule
400 g Schweinefleisch aus
dem Schinken
Salz
schwarzer Pfeffer aus der
Mühle
3 EL kaltgepreßtes Olivenöl
15 Lorbeerblätter
2 mittelgroße rote
Zwiebeln

Racnjici od Ayvar
Für das Paprika-Püree: Den Backofen auf 225 °C vorheizen. Die Paprikaschoten und die Auberginen abspülen und auf ein mit Alufolie ausgelegtes Blech legen. Die Paprikaschoten in 20 bis 25 Minuten, die Auberginen, je nach Dicke, in 30 bis 40 Minuten backen, bis sie schön weich sind. Die Paprikaschoten sofort nach dem Backen mit einem nassen Küchentuch bedeckt 5 Minuten ruhen lassen, dann lassen sich die dünnen Häutchen besser abziehen. Paprika auch von den Stielen, Rippen und Kernen befreien. Die Auberginen ebenfalls pellen und die Stiele abschneiden, sofort danach mit Zitronensaft beträufeln. Paprika und Auberginen grob hacken. Knoblauch schälen, durch die Knoblauchpresse zu Paprika und Auberginen drücken und alles durch ein Sieb passieren. Das Püree mit einem gestrichenen Teelöffel Salz und dem Essig verrühren, dann nach und nach das Olivenöl unterrühren, so daß eine homogene Paste entsteht. Diese bis zur Verwendung in den Kühlschrank stellen.
Für die Fleischspieße: Das Fleisch abspülen und mit Küchenpapier trockentupfen, dann in Würfel

mit 2 cm Kantenlänge schneiden. einen Teelöffel Salz und reichlich schwarzen Pfeffer unter das Olivenöl rühren, die Fleischwürfel darin wenden und 1 bis 2 Stunden zugedeckt in den Kühlschrank stellen. Die Lorbeerblätter halbieren. Die Fleischwürfel abwechselnd mit den Lorbeerblatthälften auf lange Holz- oder Metallspieße stecken und über glühender Holzkohle oder unter dem Elektrogrill von beiden Seiten 10 bis 15 Minuten grillen. Die Zwiebeln schälen, klein würfeln und mit dem Paprika-Püree zu den Spießchen servieren. Dazu ißt man Weißbrot und trinkt Dalmatinsko crno vino, roten dalmatinischen Wein.

Für seine Grillgerichte ist der Balkan berühmt, und entlang der Adria machen die Urlauber vor allem auch mit „ćevapčiči", Hackfleischröllchen und „pljeskavica", scharfen Hacksteaks, Bekanntschaft. Türkischen Kaffee und „šljivovica", Pflaumenschnaps, gibt's hinterher.

KALBFLEISCHRAGOUT
GEBRATENE LAMMKEULE

KALBFLEISCHRAGOUT
800 g Schalotten
4 Knoblauchzehen
5 EL Olivenöl
800 g Kalbsgulasch
Salz
schwarzer Pfeffer aus
der Mühle
1 Messerspitze Zucker
1 Messerspitze gemahlener
Piment
1 Zimtstange
2 Lorbeerblätter
3/8 Liter Rotwein
2 Fleischtomaten
2 EL Rotweinessig

GEBRATENE LAMM-
KEULE
Für 6 Personen
1 Lammkeule von
etwa 2 kg
Saft von 1 1/2 Zitronen
Salz
schwarzer Pfeffer aus der
Mühle
3 Knoblauchknollen
4 EL Olivenöl
1 kg Kartoffeln
1 Bund glatte Petersilie

Übrigens:
*In abgelegenen griechi-
schen Dörfern sind auch
heute noch die Steinöfen
in Gebrauch, in denen
außer Brot große Braten
und Fleischgerichte im
Tontopf aufs beste garen.*

KALBFLEISCHRAGOUT
Stifádo
Schalotten und Knoblauch
schälen. Knoblauch in Scheibchen
schneiden. In einem Bräter das
Olivenöl erhitzen und das Fleisch
in Portionen nach und nach
braun anbraten, beiseite stellen.
Die ganzen Schalotten und den
Knoblauch im Bratfett glasig werden lassen. Das Fleisch und den
ausgetretenen Saft zurück in den
Topf geben, alles mit Salz, Pfeffer,
Zucker und Piment bestreuen.
Die Zimtstange und die Lorbeerblätter zugeben, den Wein unterrühren und das Fleisch zugedeckt
bei sanfter Mittelhitze 30 Minuten schmoren. Die Tomaten mit
kochendem Wasser übergießen,
kurz stehen lassen, pellen und
würfeln, dabei die Stielansätze
herausschneiden. Nach den
30 Minuten Tomaten unter-
mischen und alles in weiteren
30 Minuten fertiggaren. Vor dem
Servieren mit Essig abschmecken.
Zum Ragout gibt es Fladenbrot
zum Auftunken der leckeren
Sauce.

LAMMKEULE AUS DEM OFEN
Arni sto fúrno
Die Keule mit kaltem Wasser
abspülen, abtrocknen und in die
Bratenpfanne legen. Fleisch mit
dem Saft 1/2 Zitrone einreiben und
mit Salz und Pfeffer bestreuen.
Backofen auf 180 °C vorheizen.
3 Knoblauchzehen auslösen,
schälen, in Stifte schneiden. Mit
einem spitzen Messer in die
Keule mehrmals 1 1/2 cm tief einstechen und mit Knoblauch
spicken. Das Fleisch mit Olivenöl
beträufeln und 30 Minuten in
Backofenmitte garen. Die Knoblauchknollen kalt abspülen. Die
Kartoffeln schälen, halbieren und
vierteln. Petersilie abspülen und
die Blätter hacken. Nach den
30 Minuten die Kartoffeln mit
der Petersilie um die Keule legen,
mit Salz und Pfeffer bestreuen.
Die Knoblauchknollen im Ganzen
dazwischenbetten. 1/4 Liter
heißes Wasser mit dem restlichen
Zitronensaft mischen und über
alles gießen. Das Gericht in einer
Stunde fertiggaren. Zwischendurch die Kartoffeln wenden und
nach Bedarf etwas heißes Wasser
nachgießen. Bei Tisch die Knoblauchknollen ausdrücken und das
Mus zum Fleisch essen. Dazu
passen gedünstete grüne Bohnen
oder Spinat.

Salate, Gemüse und Beilagen

AUBERGINEN-KAVIAR GEMÜSETOPF

AUBERGINEN-KAVIAR

3 mittelgroße Auberginen
4 spitze grüne Paprika-
schoten
3–4 EL Weißweinessig
2 mittelgroße Tomaten
3 Knoblauchzehen
Salz
4 EL Sonnenblumenöl
1 Bund glatte Petersilie

GEMÜSETOPF

4 mittelgroße Zwiebeln
4 Fleischtomaten
4 Paprikaschoten (rote und
grüne gemischt)
2 kleine Auberginen
3 große festkochende
Kartoffeln
100 g möglichst kleine
Okraschoten
100 ml Sonnenblumenöl
1 TL edelsüßes Paprika-
pulver
Salz
1 Bund glatte Petersilie

Tip:
*Die bulgarischen, stark
vom Orient beeinflußten
Gerichte, werden traditio-
nell schonend im Back-
ofen gegart, wozu meist
Tongeschirr verwendet
wird, das die Hitze lange
speichert.*

AUBERGINEN-KAVIAR
Güwetsch

Den Backofen auf 250 °C vorheizen. Ein Backblech mit Alufolie
auslegen. Auberginen und Paprika
abspülen und naß auf das Backblech legen, 20 Minuten backen,
bis das Gemüse weich ist. Das
Blech aus dem Ofen nehmen und
5 Minuten mit einem nassen
Küchentuch bedecken. Dann
vom Gemüse die Schalen abziehen, Stiele abschneiden und vom
Paprika die Kerne entfernen.
Gemüse auf ein großes Brett
geben und mit einem langen
scharfen Messer fein hacken. Das
so entstandene Püree in eine
Schüssel geben und mit Essig
begießen. Tomaten mit kochendem Wasser überbrühen, pellen
und das Fruchtfleisch ohne Stiele,
Kerne und Wasser hacken, zum
übrigen Gemüse geben. Den
Knoblauch schälen und durch die
Knoblauchpresse in die Schüssel
pressen. Ein Teelöffel Salz und
das Öl gründlich untermischen
und abschmecken. Petersilie
abspülen, die Blättchen hacken
und unter das Gemüse rühren.
1/2 Stunde kühl stellen. Diese
Delikatesse wird mit Brot als
leichtes Sommergericht oder als
Beilage zu gegrilltem Fleisch serviert. Dazu paßt ein Glas Rotwein.

GEMÜSETOPF
Kjopoolu

Die Zwiebeln schälen und kleinwürfeln. Die Tomaten abspülen,
vierteln, Stielansätze herausschneiden und Tomaten achteln.
Paprikaschoten halbieren, Stielansätze, Rippen und Kerne herausschneiden, Schoten ausspülen
und würfeln. Die Auberginen von
den Stielen befreien und abspülen. Kartoffeln schälen, beide
Gemüse in mittelgroße Würfel
schneiden. Okraschoten abspülen, Stielansätze dünn schälen,
ohne das Fruchtfleisch zu ver-
letzen. Backofen auf 200 °C vorheizen. In einer Pfanne 3 Eßlöffel
von dem Öl erhitzen, Zwiebeln
darin glasig braten und in einen
Römertopf oder in eine hohe Auflaufform geben. Die anderen
Gemüse zufügen. 1/8 Liter Wasser
mit Paprika und 1 1/2 Teelöffel
Salz verrühren und mit dem Öl
über das Gemüse geben. Topf
schließen (notfalls mit Alufolie)
und eine Stunde in den Ofen
stellen. Petersilie abspülen, die
Blättchen hacken und 10 Minuten
vor Ende der Garzeit über das
Gericht streuen. Als Hauptgericht
mit Rotwein servieren.

GEFÜLLTE AUBERGINEN ARTISCHOCKENBÖDEN

GEFÜLLTE AUBERGINEN
4 mittelgroße Auberginen
8 EL Olivenöl
2 mittelgroße Zwiebeln
2 große Tomaten
2 milde spitze Peperoni
1 Bund glatte Petersilie
Salz, 1 TL Zucker
2 Knoblauchzehen

ARTISCHOCKENBÖDEN
1 Zitrone
4 große Artischocken
1 EL Mehl
Salz
150 g Schalotten
1 große Möhre
100 g Sellerieknolle
1 große Kartoffel
5 EL Olivenöl
1 TL Zucker
schwarzer Pfeffer aus
der Mühle
1 Bund Dill
100 g Tiefkühl-Erbsen
oder frische

Tip:
*Diese auch in Griechen-
land bekannten Gerichte
werden als kleine Mahl-
zeiten oder auch als Vor-
speisen mit Fladenbrot
serviert. „Imam bayıldı"
heißt übersetzt „Der Imam
fiel in Ohnmacht". Erzählt
wird, daß ein Imam das
Gericht so liebte, daß er
bei seinem Anblick in
Ohnmacht fiel.*

GEFÜLLTE AUBERGINEN
Imam bayıldı
Die Auberginen abspülen und die
grünen „Manschetten" rund um
den Stiel abschneiden. Von den
Auberginen im Abstand von
3 cm längs 1 ½ cm breite Streifen
abschälen. Bei jeder Aubergine
zwischen 2 Streifen einen tiefen
Schlitz einschneiden. In einer
Pfanne 3 Eßlöffel Olivenöl erhitzen, die Auberginen rundum anbraten und mit dem Schlitz nach
oben nebeneinander in einen
Topf legen. Die Zwiebeln schälen,
vierteln und in Streifchen schneiden. Die Tomaten mit kochendem
Wasser übergießen, kurz stehen
lassen, pellen und das Frucht-
fleisch würfeln. Die Peperoni
längs halbieren, Stiele, Kerne und
Rippen herausschneiden, die
Schoten abspülen und quer in
Streifchen schneiden. Die Petersilie abspülen und die Blättchen
hacken. Gemüse und Petersilie in
einer Schüssel mit einem Teelöffel
Salz und dem Zucker vermischen.
Die Schlitze der Auberginen
öffnen, das Gemüse hineinfüllen,
Reste darauflegen. Knoblauch
schälen, in Stifte schneiden und
in die Füllung stecken. Das restliche Öl mit ⅛ Liter Wasser verrühren und über die Auberginen
gießen. Diese bei starker Hitze

ankochen, dann bei sanfter Hitze
in 45 Minuten garen. Im Topf
abkühlen lassen und servieren.

ARTISCHOCKENBÖDEN
Zeytinyağlı enginar
Die Zitrone auspressen und den
Saft mit ½ Liter Wasser in eine
Schüssel geben. Die Artischok-
kenblätter dicht am Boden ab-
schneiden. Mit einem Löffel das
Heu herauskratzen. Die Stiele
rundum abschälen und bis auf
2 cm abschneiden. Artischocken
abspülen und sofort in das
Zitronenwasser legen. Mehl und
einen Teelöffel Salz unterrühren.
Schalotten, Möhre, Sellerie und
Kartoffeln schälen. Größere
Schalotten halbieren, das übrige
Gemüse sehr klein würfeln.
Artischocken nebeneinander in
einen Topf stellen. Gemüse um
die Artischocken verteilen. Öl
und Zucker unter das Artischocken-
wasser mischen und über das
Gemüse gießen. Zugedeckt bei
mittlerer Hitze 30 Minuten garen.
Dill abspülen, die Hälfte der Blättchen hacken, mit den Erbsen
nach den 30 Minuten in den
Topf geben. Weitere 10 Minuten
sanft garen. Im Topf abkühlen
lassen, anrichten und mit Dill
garnieren.

KASNUDELN
KRAUTFLECKERLN

KASNUDELN

Für den Teig:
250 g Mehl und Mehl zum
Ausrollen
Salz
2 Eier
1 TL Öl
Für die Füllung:
250 g mehlig kochende
Kartoffeln
250 g Schichtkäse
je 1 kleines Bund frische
Minze und frischer Kerbel
1 kleine Stange Lauch
schwarzer Pfeffer aus der
Mühle
100 g Butter zum
Schwenken

KRAUTFLECKERLN

Für den Teig:
250 g Mehl und Mehl zum
Ausrollen
Salz
2 Eier
1 TL Öl
Für das Kraut:
1 kleiner Weißkohl
1 mittelgroße Zwiebel
100 g durchwachsener
Speck
3 EL Sonnenblumenöl
1 EL Zucker
Salz
schwarzer Pfeffer aus
der Mühle

KASNUDELN

Für den Teig: Mehl und einen
Teelöffel Salz in eine Schüssel
sieben. Eier und Öl in die Mitte
geben und alles zu einem
elastischen Teig verkneten. Nach
Bedarf noch 1 bis 2 Eßlöffel
kaltes Wasser zufügen. Den Teig
zugedeckt 30 Minuten ruhen
lassen.
Für die Füllung: Die Kartoffeln in
der Schale garen, pellen und
noch heiß durch ein Sieb in eine
Schüssel streichen. Den Schichtkäse sowie einen Teelöffel Salz
zufügen. Die Kräuter abspülen,
die Blättchen fein hacken. Den
Lauch vom Wurzelansatz und den
harten grünen Blättern befreien,
längs halbieren, waschen und in
Streifchen schneiden. Mit den
Kräutern in die Schüssel geben
und alles gut vermischen. Den
Teig teilen, dünn ausrollen, dann
Kreise von 7 bis 8 cm Durchmesser ausstechen, in die Mitte
einen gehäuften Teelöffel Füllung
geben. Eine Teighälfte darüberklappen und die Ränder mit einer
Gabel fest zusammendrücken.
Die Nudeln in Salzwasser garen.
Die Butter erhitzen und braun
werden lassen, dann über die
abgetropften Kasnudeln gießen
und mit einem grünen Salat
servieren.

KRAUTFLECKERLN

Den Teig genauso herstellen wie
für die Kasnudeln.
Für das Kraut: Den Weißkohl von
den äußeren harten Blättern
befreien, den Kohl vierteln,
abspülen und auf dem Gurken-
hobel raffeln. Die Zwiebel schälen
und mit dem Speck würfeln. Das
Öl in einem großen, flachen Topf
erhitzen und den Zucker leicht
bräunen. Zwiebel und Speck
zufügen und anbraten. Das Kraut
unterheben und bei sanfter Hitze
15 Minuten braten, bis es sich zu
bräunen beginnt. Dabei immer
wieder wenden. Das Kraut mit
Salz und Pfeffer abschmecken.
Die Fleckerln dünn ausrollen und
zu Bandnudeln schneiden. In
einem Topf reichlich Wasser mit
einem Teelöffel Salz aufkochen
und die Fleckerln darin 6 bis
8 Minuten sanft garen, abgießen
und unter das Kraut mischen.

*Kasnudeln, eine Spezialität
aus Kärnten, werden als
Hauptgericht gereicht, Krautfleckerln auch als Beilage.*

MANGOLD RÖMISCHE ART
SPINAT IN GORGONZOLA

MANGOLD RÖMISCHE
ART
800 g Mangold
1 mittelgroße Zwiebel
2 Knoblauchzehen
2 Anchovisfilets
3 EL kaltgepreßtes Olivenöl
1 kleine Dose geschälte
Tomaten (Füllgewicht
400 g)
Salz
schwarzer Pfeffer aus der
Mühle

SPINAT IN GORGONZOLA
1 kg Blattspinat
40 g Butter
Salz
schwarzer Pfeffer aus der
Mühle
Für die Sauce:
300 ml (1½ Becher) süße
Sahne
5 EL Milch
40 ml Cognac oder Wein-
brand
150 g Gorgonzola
1 EL Zitronensaft

Tip:
*Die Gorgonzolasauce
schmeckt auch gut zu
Nudeln.*

MANGOLD RÖMISCHE ART
Bietole alla romana
Den Mangold waschen. Schlechte Stellen herausschneiden. Die Stile und die dicken Mittelrippen von den Blättern trennen. Beide in fingerdicke Streifen schneiden. Die Zwiebel und die Knoblauchzehen schälen und fein würfeln. Die Anchovisfilets mit der Gabel zerdrücken. In einer Kasserolle das Olivenöl erhitzen und bei nicht zu starker Hitze Zwiebel und Knoblauch darin glasig dünsten. Die Anchovis gut unterrühren, dann die Mangoldstiele zufügen und kurz andünsten. Die Tomaten aus der Dose mit der Flüssigkeit unterrühren und mit dem Kochlöffel zerdrücken. Alles aufkochen und 10 Minuten bei schwacher Hitze dünsten. Die Blätter zufügen. Das Gemüse weitere 5 Minuten dünsten und mit Salz und Pfeffer abschmecken.

SPINAT IN GORGONZOLA
Spinaci al gorgonzola
Den Spinat verlesen, die groben Stiele entfernen. Den Spinat mehrmals waschen und in ein Sieb geben. In einem Topf mit breitem Boden die Butter aufschäumen lassen, den Spinat zugeben und in 2 bis 3 Minuten bei guter Mittelhitze zusammenfallen lassen. Zwischendurch einmal wenden, Flüssigkeit verdampfen lassen. Den Spinat mit Salz und Pfeffer abschmecken und warm halten.
Für die Sauce: Sahne, Milch und Cognac in einen kleinen Topf geben und leicht erhitzen. Den Gorgonzola hineinlegen, bei sanfter Hitze schmelzen lassen und mit dem Schneebesen glattrühren. Die Sauce mit Zitronensaft, wenig Salz und Pfeffer abschmecken. Den Spinat auf vorgewärmte Teller verteilen und die Sauce angießen. Man kann auch die Sauce in eine Schüssel geben, den Spinat untermengen und so servieren.

Gemüse wird in Italien besonders phantasievoll und in vielen Variationen zubereitet. Häufig wird es als eigenständiges Zwischengericht, aber auch zu Braten oder Fleischstücken aus der Pfanne serviert. Zum Spinat paßt übrigens vorzüglich gebratene Leber oder Hühnerbrust. Wie überall im Süden üblich, wird immer Weißbrot oder herzhaftes, dunkleres Landbrot dazu gereicht, unentbehrlich für das Auftunken der würzigen Saucen. Ein leichter Weiß oder Rotwein begleitet einen Gemüsegang.

ZUCCHINIPUFFER
GEMÜSEALLERLEI

ZUCCHINIPUFFER
4 kleine Zucchini
Salz, 2 Eier
2 Knoblauchzehen
1 Bund glatte Petersilie
4 EL Mehl
1 gestrichener TL Back-
pulver
100 g geriebener Gruyère
Sonnenblumen- oder Mais-
keimöl zum Ausbacken

GEMÜSEALLERLEI
200 g Schalotten
2 mittelgroße Auberginen
Saft von 1/2 Zitrone
3 große Fleischtomaten
3 Zucchini
3 rote oder grüne Paprikaschoten
2 Knoblauchzehen
8 EL kaltgepreßtes Olivenöl
1 Kräutersträußchen aus
Thymian, Salbei und
Rosmarin
Salz
schwarzer Pfeffer aus der
Mühle

ZUCCHINIPUFFER
Beignet de courgettes
Die Zucchini abspülen, Stiele und
Blütenansätze abschneiden und
das Gemüse grob in eine Schüssel
raffeln. Einen Teelöffel Salz unter-
rühren und 5 Minuten Wasser
ziehen lassen. Die Zucchini im
Sieb ausdrücken und zurück in
die Schüssel geben. Eier zufügen.
Knoblauch schälen und durch die
Knoblauchpresse dazu geben. Die
Petersilie abspülen, die Blättchen
fein hacken und ebenfalls zu-
fügen. Alles verrühren. Mehl und
Backpulver vermischen, über den
Gemüsebrei sieben, geriebenen
Käse überstreuen. Alle Zutaten
gründlich verrühren. In einer
Pfanne Öl erhitzen und mit einem
Eßlöffel Teighäufchen in die
Pfanne setzen, flach drücken und
von beiden Seiten kleine, gold-
gelbe Puffer backen. Auf Küchen-
papier entfetten und sofort
servieren.

GEMÜSEALLERLEI
Ratatouille
Schalotten schälen. Auberginen
abspülen, Stiele und Stielansätze
abschneiden und die Auberginen
in mittelgroße Würfel schneiden,
in kaltes Wasser mit Zitronensaft
legen. Tomaten mit kochendem
Wasser überbrühen, pellen, vierteln, Stielansätze herausschneiden
und die Viertel noch einmal durchschneiden. Zucchini abspülen,
Stiele und Blütenansätze abschneiden und die Zucchini in
Scheiben schneiden. Die Paprikaschoten halbieren, Stiele und
Kerngehäuse herausschneiden.
Die Schoten ausspülen und in
Streifen schneiden. Die Knoblauchzehen schälen. In einem
Schmortopf 3 Eßlöffel Olivenöl
erhitzen und die Schalotten darin
glasig anbraten. Topf vom Herd
nehmen. Auberginen im Sieb abtropfen lassen und auf die Schalotten geben. Dann Tomaten- und
Zucchiniwürfel sowie Paprikastreifen darauf schichten und
alles mit dem übrigen Olivenöl
beträufeln. Knoblauch dazu pressen. Kräutersträußchen zwischen
das Gemüse betten, alles mit Salz
und Pfeffer bestreuen. Zudecken
und Gemüse bei schwacher Hitze
eine Stunde schmoren. Nicht
umrühren, höchstens leicht
rütteln. Kräutersträußchen herausnehmen. Heiß oder kalt servieren. Schmeckt als Vorspeise
mit Baguettebrot oder als Beilage
zu Fisch oder Fleisch.

KOHLROULADEN AUF SAUERKRAUT

50 g Patnareis
1 großer, sauer eingelegter
Weißkohl (ersatzweise
1 großer frischer Weißkohl)
3 mittelgroße Zwiebeln
750 g Schweinehack
Salz
1 ½ TL getrockneter
Thymian
1 große grüne Paprika-
schote
40 g Butter
1 große Dose geschälte
Tomaten (Füllmenge
800 g)
1 gute Messerspitze
Cayennepfeffer
500 g mildes Sauerkraut
100 g magerer Frühstücks-
speck in dünnen Scheiben
4 Fleischtomaten

Tip:
*Ihr typisches Aroma er-
halten die Rouladen durch
den sauer eingelegten
Weißkohl, den es bei uns
in Balkan-Lebensmittel-
läden gibt, wie etwa in
München auf dem Viktua-
lienmarkt. Man kann zwar
auch frischen Weißkohl
verwenden, doch ist es
besser, ihn vorher zu fer-
mentieren. Dazu den
gewaschenen ganzen
Kohlkopf mit 6 Liter Was-
ser und 375 g Salz
10 Minuten sanft kochen
und mit einem Teller
beschwert 3 Tage beiseite
stellen.*

Sarmale
Einen Liter Wasser in einem Topf
aufkochen, den Reis hineinschütten und 10 Minuten offen
kochen, dann in ein Sieb gießen,
mit kaltem Wasser überbrausen
und abtropfen lassen. 12 große
Weißkohlblätter vom Kohlkopf
abtrennen. Dazu in einem großen
Topf reichlich Wasser aufkochen,
den Kohlkopf hineinlegen und
10 Minuten sprudelnd kochen
lassen. Kohl herausnehmen, die
äußeren Blätter lassen sich jetzt
leicht abtrennen. Den Kohlkopf
wieder ins kochende Wasser
legen und so weiter verfahren,
bis 12 einwandfreie Blätter ab-
getrennt sind. Die Blätter nebeneinander auf die Arbeitsfläche
legen. Die Zwiebeln schälen und
sehr fein hacken. Die Hälfte
davon mit Reis, Schweinehack,
1 ½ Teelöffel Salz und dem
Thymian in eine Schüssel geben
und mit den Händen gut verkneten. Bindfaden bereithalten.
Auf jedes Kohlblatt einen Anteil
der Füllung geben, aufwickeln
und mit etwas Bindfaden um-
wickeln. Die Paprikaschote
halbieren, Stiel und Kerne mit
den weißen Rippen entfernen,
ausspülen und in Streifchen
schneiden. In einer Kasserolle die
Butter erhitzen und die restlichen

Zwiebeln darin glasig dünsten.
Die Tomaten mit dem Pürierstab
zerkleinern und mit der Flüssigkeit zu den Zwiebeln geben.
Alles einmal aufkochen lassen
und mit Cayennepfeffer abschmecken. Das Sauerkraut zufügen und gründlich mit der
Sauce vermischen. Den Backofen
auf 175 °C vorheizen. Ein Drittel
vom Sauerkraut in einen großen,
ofenfesten Bräter legen. 6 Rouladen darauf betten und mit der
Hälfte der Paprikastreifen belegen.
Ein weiteres Drittel des Sauer-
krauts darüberlegen, die übrigen
Rouladen und Paprika darauf2legen,
restliches Sauerkraut und Speck
darüber verteilten. Das Gericht
auf dem Herd zum Kochen bringen. Die Tomaten waschen und
vierteln, Stielansätze herausschneiden. Mit den Tomaten die
Oberfläche des Gerichtes bedecken, Deckel aufsetzen und es
in Ofenmitte eine Stunde garen.
Die Kohlrouladen schmecken
auch aufgewärmt ganz vorzüglich. Nach Geschmack Brot oder
Kartoffelpüree dazureichen.

BAUERNSALAT
GURKEN MIT JOGHURT

BAUERNSALAT
1 Salatgurke
500 g Tomaten
1 Bund Frühlingszwiebeln
oder 2 milde Zwiebeln
je 1 rote und grüne Paprikaschote
Salz
schwarzer Pfeffer aus
der Mühle
5 EL kaltgepreßtes Olivenöl
4 EL Weißweinessig
150 g griechischer
Schafskäse
1 kleines Döschen
Anchovisfilets
2 hartgekochte Eier
75 g schwarze Oliven
1 Bund glatte Petersilie

GURKEN MIT JOGHURT
600 g griechischer
Schafsmilch-Joghurt
(ersatzweise 4 Becher à
175 g Natur-Joghurt)
1 Salatgurke
Salz
2 Knoblauchzehen
2 EL Weißweinessig
2 EL Olivenöl
Zum Garnieren:
einige Gurkenscheiben
und frische Minze- oder
Petersilienblättchen

BAUERNSALAT
Choriátiki salata
Die Salatgurke gründlich waschen,
abtrocknen und mit der Schale in
nicht zu dünne Scheiben schneiden. Die Tomaten abspülen,
halbieren, Stielansätze herausschneiden und die Tomaten
achteln. Die Frühlingszwiebeln
von den Wurzelansätzen und den
harten Röhren befreien, abspülen
und die zarten Teile in Scheibchen schneiden. Die Paprikaschoten halbieren, Stielansätze
und Rippen mit den Kernen
herausschneiden, die Schoten
ausspülen, vierteln und in Streifchen schneiden. Alle Zutaten in
einer Schüssel vermischen. Aus
Salz, Pfeffer, Olivenöl und Weinessig eine Marinade rühren und
unter den Salat mischen. Salat auf
4 tiefe Teller verteilen. Schafskäse würfeln, die Anchovisfilets
abtropfen lassen, die Eier pellen
und achteln. Oliven abspülen.
Petersilie abbrausen und die
Blättchen grob hacken. Die
Portionen mit Käsewürfeln
bestreuen, Anchovis, Ei-Achtel
und Oliven auf dem Salat verteilen, alles mit Petersilie
bestreut servieren.

GURKEN MIT JOGHURT
Tzatziki
Ein Spitzsieb mit einer großen
Kaffeefiltertüte auskleiden und
den Joghurt zum Abtropfen hin-
eingeben. Die Salatgurke schälen
und grob in eine Schüssel raspeln.
Einen Teelöffel Salz untermischen
und die Gurke etwa 10 Minuten
Saft ziehen lassen. Gurke in ein
Sieb geben und ausdrücken. Den
abgetropften Joghurt und die
Gurke in eine Schüssel geben.
Knoblauch schälen und durch die
Knoblauchpresse dazu geben.
Essig und Olivenöl zufügen und
alles gründlich verrühren.
Joghurtsauce nochmals mit Salz
abschmecken und mit Gurken-
scheibchen und Minzeblättchen
garniert servieren.

*D*er Bauernsalat wird gerne
als Zwischengericht serviert
oder zu gegrilltem Fleisch.
„Tzatziki", Gurke mit Joghurt
und Knoblauch, kommt mit auf
die Vorspeisen-Tafel oder wird
ebenfalls zu Lammspießen oder
Fleischbällchen gereicht.
Daneben ist das Gericht eine
erfrischende Sommerspeise, die
dann auf jeden Fall gut gekühlt
serviert wird.

SÜSSE SPEISEN, DESSERTS, KUCHEN UND GETRÄNKE

ROTE GRÜTZE MIT SAHNE
MANDELREIS MIT KIRSCHEN

ROTE GRÜTZE MIT SAHNE

je 200 g rote und
schwarze Johannisbeeren,
Himbeeren und Erdbeeren
(ersatzweise 2 Pakete
tiefgekühlte, gemischte
Beeren, je 350 g)
1/4 Liter schwarzer
Johannisbeersaft
100 g Zucker
2 EL Speisestärke
1 Becher süße Sahne
(200 ml)

MANDELREIS MIT KIRSCHEN

3/4 Liter Milch
1 Vanilleschote
125 g Milchreis
125 g geschälte und
gehackte Mandeln
1 Becher süße Sahne
(200 ml)
100 g Zucker
1 Glas Schattenmorellen
(Füllgewicht 410 g)
1 gestrichener EL Speise-
stärke
1 EL Zucker
1 EL Kirschlikör

ROTE GRÜTZE MIT SAHNE
Rødegrød med Fløde

Die Beeren mit kaltem Wasser
abspülen, von den Rispen streifen,
beziehungsweise entstielen. Tief-
kühlfrüchte in eine Schüssel
geben und bei Raumtemperatur
auftauen lassen. 3/4 der Früchte
in dem schwarzen Johannisbeersaft 5 Minuten kochen und durch
ein Haarsieb streichen. Das
Beerenmus zurück in den Topf
geben, den Zucker unterrühren
und aufkochen. Die Speisestärke
mit 5 Eßlöffel Wasser glattrühren,
mit dem Schneebesen unter das
Fruchtmus mischen. Diese bei
Mittelhitze und unter Rühren
einmal kurz aufkochen. Die
zurückbehaltenen frischen
Beeren unterrühren und noch
3 Minuten auf der ausgeschalteten
Herdplatte stehen lassen, umrühren und in eine Schüssel oder
Portionsschälchen füllen. Die
Grütze 2 bis 3 Stunden kühl
stellen. Die Grütze wird mit
etwas flüssiger Sahne serviert.

MANDELREIS MIT KIRSCHEN
Risalamande

Die Milch in einen Topf geben.
Die Vanilleschote aufschlitzen,
das Mark auskratzen und mit der
ganzen Schale in die Milch
geben. Diese aufkochen, den Reis
einstreuen und bei sanfter Hitze
in 30 bis 35 Minuten ausquellen
lassen. Zwischendurch immer
wieder umrühren. Dann die
Vanilleschote aus dem Reis nehmen. Die Mandeln in der heißen,
trockenen Pfanne unter Rühren
2 Minuten anrösten und unter
den Reis mischen. Sahne mit
dem Zucker steif schlagen und
unter den Reis heben. Diesen in
eine Schüssel oder in Portionsschälchen füllen und kühl stellen.
Für die Kirschsauce die Schattenmorellen mit dem Saft aufkochen.
Speisestärke mit dem Zucker,
Kirschlikör und 2 Eßlöffel Wasser
unterrühren, kurz aufkochen
und warm oder kalt zum Reis
servieren.

*Früher, als Mandeln noch eine
Kostbarkeit waren, fiel dieses
Reisgericht weniger üppig aus als
heute. Oft wurde nur eine einzige Mandel im Reis versteckt und
wer sie fand, wurde mit einem
kleinen Preis belohnt.*

ORANGENCREME

Für 4–6 Personen

Für den Karamel:
20 g Butter zum Ausstreichen der Soufflé-Förmchen
150 g Zucker
1 TL Zitronensaft

Für die Creme:
3 Eier
2 Eigelb
70 g Zucker
1 unbehandelte Orange
½ Liter Milch
1 Vanilleschote
2 große, kernlose Orangen

Flan de naranja
Für den Karamel: Die Soufflé-Förmchen oder feuerfesten Porzellantassen mit Butter einfetten und bereithalten. In einer kleinen Stielkasserolle mit schwerem Boden Zucker, 4 Eßlöffel Wasser und Zitronensaft geben. Unter Rühren erhitzen, bis der Zucker geschmolzen ist und sich hellbraun färbt. Den Karamel sofort auf die Förmchen verteilen. Den Backofen auf 150 °C vorheizen. Eier, Eigelb und Zucker mit dem elektrischen Handrührer zu einer Creme verarbeiten. Die Orange abspülen, die Schale fein abreiben und unterrühren. Die Milch mit dem ausgekratzten Vanillemark und der Schote aufkochen. Die Schote herausnehmen und

die heiße Milch unter die Eiermasse rühren. Diese gleichmäßig auf die Förmchen verteilen. Die Bratenpfanne des Backofens bis zu zwei Drittel mit kochendheißem Wasser füllen und die Förmchen vorsichtig hineinstellen. Das Bratblech in den Backofen schieben und die Creme in etwa 50 Minuten fest werden lassen. Die Förmchen aus dem Blech nehmen, abkühlen lassen und die Creme mindestens eine Stunde vor dem Servieren in den Kühlschrank stellen. Die Orangen mit einem scharfen Messer wie Äpfel schälen und die Fruchtsegmente zwischen den Häutchen vorsichtig in Spalten herausschneiden. Den Flan am Förmchenrand entlang mit einem spitzen Messer lösen und jeden auf einen Dessertteller stürzen, mit den Orangenspalten garniert servieren.

Flan, das typisch spanische Dessert, schmeckt noch besser mit den süßen Orangen aus Valencia. Wer es besonders üppig liebt, serviert dazu einen Sherry Oloroso.

GUNDEL PALATSCHINKEN

Für die Palatschinken:
2 Eier
200 ml Milch
1 Prise Salz
1 EL Puderzucker
200 g Mehl
300 ml Sodawasser
Sonnenblumenöl zum
Braten

Für die Füllung:
120 g Walnußkerne
100 ml Milch
80 g Zucker
½ unbehandelte Zitrone
2 cl Rum
30 g Rosinen

Für die Sauce:
220 ml Milch, 60 g Zucker
¼ Vanilleschote
50 g Zartbitterschokolade
1 TL Kakaopulver
1 TL Mehl
1 EL Rum, 1 Eigelb
2 EL Puderzucker

Tips:
Die Pfannkuchen gibt es in vielerlei Variationen, wobei das Gundel-Rezept zu den berühmtesten gehört. Probieren sollte man im Ursprungsland: „Szentgyöryer Palatschinken" mit Mandel-Rum-Füllung und Eiercreme. Gut und einfach: Palatschinken mit Aprikosenkonfitüre gefüllt und mit Puderzucker bestreut.

Gundel Palacsinták

Für die Palatschinken: Die Eier und die kalte Milch in eine Schüssel geben. Die Prise Salz und den Zucker zufügen und alles mit dem Schneebesen schaumig rühren. Das Mehl sieben und langsam unter die Eiermilch rühren. Dem dickflüssigen Teig so viel Sodawasser zugeben, bis er so flüssig ist wie Öl. Das Öl zum Braten in einem kleinen Topf erwärmen. Ein wenig Öl in einer beschichteten Pfanne erhitzen. Überschüssiges Öl zurück in den Topf gießen. So viel Teig in die Pfanne gießen und auseinander fließen lassen, daß der Pfannenboden dünn bedeckt ist. Bei guter Hitze erst die eine Seite braten, dann die andere. Dafür etwas Öl zugeben. Auf diese Weise alle Palatschinken braten. Für die Füllung: Die Walnüsse im Blitzhacker fein zerkleinern. Die Milch mit dem Zucker aufkochen. Die Zitronenhälfte abspülen und die Schale fein abreiben. Mit dem Rum in die Milch geben. Dann die Nüsse und die Rosinen zufügen und alles unter Rühren solange erhitzen, bis eine breiartige Masse entstanden ist. Diese auf die fertig gebackenen Palatschinken streichen und zu Dreiecken

zusammenklappen.
Für die Sauce: Die Hälfte der Milch mit der halben Menge Zucker aufkochen, das Mark der Vanilleschote unterrühren. Die Schokolade in einem Butterpfännchen schmelzen. Das Kakaopulver mit dem Mehl und dem restlichen Zucker in einer Schüssel vermengen und die restliche Milch unterrühren. Die geschmolzene Schokolade unterrühren, anschließend die heiße Milch. Alles zurück in den Topf gießen und unter Rühren aufkochen, bis die Sauce dicklich wird. Den Topf vom Herd nehmen, Eigelb und Rum unterrühren. Die heißen Palatschinken mit der Sauce übergießen und mit Puderzucker bestreut reichen.

Das 1879 von Johann Gundel gegründete Restaurant im Budapester Stadtwäldchen wurde im vergangenen Jahrhundert zum Symbol für die ungarische Kochkunst. Hier trafen sich Künstler, Schriftsteller und sogar Staatsoberhäupter.

Birnen in Rotwein
Apfeltorte Tatin

BIRNEN IN ROTWEIN
Für 4–8 Personen
8 Birnen, zum Beispiel
Williams Christ oder
Alexander Lucas
125 g Zucker
1 Zimtstange
1 Vanilleschote
2 Gewürznelken
3 Pimentkörner
3 EL Johannisbeergelee
1 Flasche Beaujolais

APFELTORTE TATIN
Für den Teig:
125 g Mehl
1 EL Zucker
1 Prise Salz
75 g Butter
1 Eigelb
Für den Belag:
1 ½ kg säuerliche Äpfel
60 g Butter
60 g Zucker

Tip:
*Nach dem gleichen Prinzip
wie diese Apfeltorte kann
auch eine Birnentarte
gebacken werden. Eine
französische Obsttorte,
eine „tarte", ist dünner
und leichter als unser mit
Obst belegter Kuchen und
daher ideal als Dessert.*

BIRNEN IN ROTWEIN
Poires à la beaujolais
Die Birnen gründlich abspülen,
schälen und mit den Stielen nach
oben in eine Kasserolle stellen.
Den Zucker, die Zimtstange, die
aufgeschlitzte Vanilleschote sowie
die restlichen Gewürze und das
Gelee zugeben. Den Rotwein
über die Birnen gießen und bei
guter Hitze 20 Minuten kochen.
Die Birnen in eine Servierschüs-
sel stellen, den Rotweinsud darübergießen und das Dessert abkühlen lassen.

APFELTORTE TATIN
Tarte Tatin
Gesiebtes Mehl, Zucker, Salz,
Butter und das Eigelb mit 2 Eßlöffel Wasser in eine Schüssel geben
und alles zu einem festen Teig
verkneten. Diesen in Frischhaltefolie gewickelt eine Stunde im
Kühlschrank ruhen lassen. Äpfel
schälen und vierteln. Die Kerngehäuse und Stiele herausschneiden. Den Backofen auf 200 °C
vorheizen. Eine Pfanne mit back-
ofenfesten Griffen oder eine
Kuchenform mit glattem Rand
und dickem Boden von 24 bis
26 cm Durchmesser nehmen.
Die Butter in der Pfanne oder
Form schmelzen lassen, den
Zucker hineinstreuen, die Apfel-

viertel mit den Rundungen nach
unten nebeneinander darauf
stellen. Die Äpfel bei guter Mittelhitze 6 bis 8 Minuten braten, bis
der Zucker auf dem Formboden
karamelisiert und braun wird.
Die Äpfel zwischendurch leicht
schütteln, nicht durchrühren. Die
Äpfel vom Herd nehmen. Den
Teig rundum 2 cm größer als die
Pfanne oder Form ausrollen, auf
die Äpfel legen, den Rand leicht
nach unten drücken. Den Teig-
deckel mit der Gabel mehrmals
einstechen und die Apfeltorte in
Backofenmitte 20 Minuten
backen. Die Torte kurz abkühlen
lassen, eine Platte darauf legen
und wenden, so daß der Teig-
deckel zum Boden wird. Die
Tarte Tatin schmeckt warm mit
Schlagsahne am besten.

*D*iese umgedreht gebackene
Torte wurde erstmals von
den Schwestern Tatin aus der
Normandie kreiert, nach denen
sie benannt ist. Man kann, wenn
es schnell gehen soll, Tiefkühl-
Blätterteig dünn ausrollen, die
Äpfel damit abdecken und backen.

DATTELGEBÄCK

Für etwa 40 Stück

Für den Teig:
100 g Butter
400 g Mehl und Mehl zum
Ausrollen
1 TL gemahlener Anis
1 EL Zucker
4 EL Orangenblütenwasser

Für die Füllung:
1 kg frische Datteln
(ersatzweise 750 g
getrocknete Datteln)
1 unbehandelte Orange
1 EL Anissamen
1 gute Prise Nelkenpulver
1 EL Orangenblütenwasser

Außerdem:
1 Eiweiß
Sonnenblumenöl zum
Braten
Puderzucker zum
Bestreuen

Tips:
Das Gebäck schmeckt
warm serviert am besten.
Mit frischen Früchten oder
Vanilleeis dazu läßt es sich
besonders köstlich als
Dessert anrichten.

Imqaret
Für den Teig: Die Butter in einem
Pfännchen schmelzen. Das Mehl
in eine Schüssel sieben, den Anis
und den Zucker darüberstreuen,
die lauwarme Butter zugeben
und das mit 100 ml lauwarmem
Wasser verrührte Orangenblütenwasser zugießen. Alles zu einem
glatten Teig verkneten, bis er sich
von der Schüssel löst und schön
elastisch ist. Den Teig in Frischhaltefolie eingewickelt bei Raumtemperatur 30 Minuten ruhen
lassen.
Für die Füllung: Die Datteln ent-
kernen (getrocknete Datteln ent-
kernt 20 Minuten in warmem
Wasser einweichen, abtropfen
lassen). Die Datteln in kleine
Stücke schneiden und in eine
Schüssel geben. Die Orange
waschen, abtrocknen und die
Schale dünn abreiben, mit den
Gewürzen zu den Datteln geben.
Das Orangenwasser darüberträu-
feln und alles gut vermischen.
Den Teig in vier Stücke teilen.
Jedes Stück auf einer bemehlten
Fläche auf eine Größe von etwa
20 x 30 cm ausrollen. In die Mitte
als etwa 7 cm breiten Streifen ein
Viertel der Füllung geben. Die
eine Seite darüberklappen, mit
Eiweiß einpinseln. Die zweite
Seite darüberschlagen und an-

drücken. Die Rolle in 5 cm breite
Rhomben schneiden. Die übrigen
Teigstücke genau so verarbeiten.
Öl in der Pfanne erhitzen und die
Rhomben von beiden Seiten gold-
gelb braten, auf Küchenpapier
entfetten, mit Puderzucker
bestreuen und sofort servieren.

V or allem in den Sommer-
monaten reißen auf Malta
und den Nachbarinseln die Feste
nicht ab, die den verschiedenen
Heiligen gewidmet sind. Doch
nicht nur die Prozessionen,
Feuerwerke und Musikkapellen
locken groß und klein an,
sondern auch die Festplatzbuden.
„Torrone", Mandelschnitten,
kandierte Früchte und geröstete
Nüsse werden auf altertümlichen
Waagen abgewogen. Sehr
begehrt: „Imqaret", mit Dattel-
masse gefüllte Pfannkuchen-
stücke. Den entsprechenden
Stand erkennt man schon an den
großen Bratpfannen, in denen sie
brutzeln, und am verlockenden
Duft.

BLÄTTERTEIGPASTETE MIT VANILLECREME

300 g Tiefkühl-Blätterteig
Mehl zum Ausrollen
100 g Butter
100 g mild gesalzener
Schafskäse, zum Beispiel
griechischer Manouri-Käse
3 Eier
1 Vanilleschote
150 g Zucker
½ Liter Milch

Tip:
*Für dieses Dessert kann
man auch dünn ausge-
rollte Teigplatten aus dem
türkischen oder griechi-
schen Laden kaufen und
wie im Rezept beschrieben
verwenden. Da diese Teig-
platten – türkisch „yufka",
griechisch „phyllo" ge-
nannt – ohne Fett herge-
stellt sind, wird die damit
gebackene Pastete leichter.
Vor Verwendung die Yufka-
Platten mit Wasser ein-
sprühen, damit sie wei-
cher werden.*

Mletschna Baniza
Die einzelnen Blätterteigplatten auf einer bemehlten Fläche nebeneinander liegend auftauen lassen, dann nach und nach dünn ausrollen. Den Backofen auf 200 °C vorheizen. Eine flache Form von 26 cm Durchmesser mit kaltem Wasser ausspülen und die erste Platte hineinlegen. Die Ecken über dem Rand hängen lassen. Die Butter schmelzen, den Schafskäse fein zerbröckeln. Die Teigplatte mit Butter einpinseln und mit wenig Käse bestreuen. Die nächste Platte so darauflegen, daß die überhängenden Ecken etwas versetzt sind. Auch diese Platte wieder mit Butter einpinseln und mit etwas Käse bestreuen. So verfahren, bis alle Platten aufgebraucht sind. Die oberste Schicht mit Butter einpinseln, die Teigecken nach innen klappen und ebenfalls einpinseln. Mit einem scharfen Messer den Teig in 3 x 3 cm große Quadrate schneiden und 25 Minuten in der Form backen. In der Zwischenzeit die Eier in eine Schüssel geben. Das ausgeschabte Vanillemark, die Schote und den Zucker dazugeben. Die Milch aufkochen und beiseite stellen, Vanilleschote herausnehmen. Milch nach und nach unter die Eier rühren. Die Mischung zurück in den Topf geben und unter Rühren bei sanfter Hitze cremig werden lassen, aber keinesfalls aufkochen. Den Topf kurz in Eiswasser stellen und die Creme nochmals durchrühren, damit sie etwas abkühlt. Nach der Backzeit den Blätterteig mit der Creme übergießen und noch 8 bis 10 Minuten bei 225 °C im oberen Backofenbereich backen, bis sie sich zu bräunen beginnt. Die Baniza warm servieren.

Mit dem türkischen Kaffee kamen im 16. Jahrhundert auch die orientalischen Süßigkeiten und Gebäcke in den Balkan. Die Tradition der bulgarischen Kaffeehäuser reicht fast ebenso weit zurück und das populäre Getränk, der „Kaffee á la Turka", wird noch immer portionsweise im Kupfer- oder Emaillekännchen gebraut. Dazu reicht man zu Hause nur eine süße Kleinigkeit, wie „Rachat Lokum", Geleewürfel. Die „Baniza" und anderes Gebäck wird lediglich mit einem Glas Wasser serviert, um die Süße zu neutralisieren.

TEEGEBÄCK

100 g kalte Butter
50 g Zucker
Zucker zum Bestreuen
1 Prise Salz
20 g Rohmarzipan
200 g Mehl

Shortbread fingers
Die kalte Butter in kleine Stücke schneiden. Zucker, Salz und zerdrücktes Marzipan zugeben und alles schnell zusammenkneten. Die Hälfte des Mehls darübersieben und unterkneten, bis es sich gut verteilt hat. Dann den Rest einarbeiten. Den Teig in Frischhaltefolie einwickeln und 15 Minuten in den Kühlschrank legen. Ein Backblech mit Backtrennpapier auslegen. Den Backofen auf 150 °C vorheizen. Den Teig zwischen 2 Lagen Frischhaltefolie 1 1/2 cm dick zu einem Rechteck ausrollen. Das Gebäck in die typische Fingerform schneiden. Dafür zuerst die Ränder des Rechtecks gerade abschneiden. Dann 6 cm lange und 2 cm breite Stücke ausschneiden und auf das Backpapier legen. Mit einem Zahnstocher oder mit einer Gabel mehrmals einstechen, so daß ein Muster entsteht. Die „Finger" mit wenig Zucker bestreuen. Noch einmal 10 Minuten kalt stellen und dann 20 bis 30 Minuten blaßgelb backen. Übrigens: Für dieses Gebäck gibt es viele Variationen. Nach dem Backen die Unterseite in geschmolzene Zartbitterschokolade tauchen und fest werden lassen. Fast so häufig wie in Fingerform,

wird das Gebäck auch als runde Platten hergestellt. Dafür den Teig 1 1/2 cm dick ausrollen und Kreise etwa in Untertassengröße ausschneiden. Eine dünne Teigrolle um den Rand legen und mit der Gabel ein Muster eindrücken. Die runden Platten werden mit den Gabelzinken in Viertel oder Achtel eingeteilt, beziehungsweise so markiert, daß man sich Stücke davon abbrechen kann. Rundes Shortbread etwa 5 Minuten länger als die Finger backen.

A ny time is tea-time – jederzeit ist Teezeit, lautet die Devise auf den Britischen Inseln, obwohl auch der Kaffee immer mehr Freunde gewinnt. Die gemütliche Teestunde am Nachmittag, vor allem am Wochenende, wird besonders geschätzt. Zum Tee werden zur Selbstbedienung bereitgestellt: herzhaft belegte Sandwiches aus entrindetem Toast und duftendes salziges und süßes Gebäck wie „shortbread".

APRIKOSENKNÖDEL

1 kg vorwiegend fest-
kochende Kartoffeln, am
Vortag als Pellkartoffeln
gekocht und abgegossen
100 g weiche Butter
100 g Hartweizengrieß
1 Ei
2 Eigelb
Salz
450 g Mehl
Mehl zum Arbeiten
20 vollreife Aprikosen
20 Zuckerwürfel
150 g Butter
150 g Paniermehl
Puderzucker zum Bestreuen

Tips:
*Die Kartoffeln für den
Teig können statt gekocht
auch im Ofen gebacken
werden. Genausogut
schmecken die Knödel,
wenn man sie auf die
gleiche Weise mit gut
reifen Zwetschgen füllt
und zusätzlich mit etwas
Zimt bestreut.*

Marillenknödel
Die Kartoffeln pellen und durch
die Kartoffelpresse oder durch
ein Sieb in eine große Schüssel
drücken. Eine Mulde bilden, die
Butter, den Grieß, das Ei und das
Eigelb sowie ½ Teelöffel Salz
hineingeben. Das Mehl darübersieben und alles zu einem Teig verarbeiten. Diesen zu einer Kugel
formen und 15 bis 20 Minuten
ruhen lassen. Die Aprikosen
waschen, mit Küchenpapier abtrocknen und entsteinen. In jede
Aprikose ein Zuckerstück
stecken. In einem großen Topf
Wasser mit einem Teelöffel Salz
zum Sieden bringen. Auf einer
bemehlten Arbeitsfläche den Teig
1 cm dick ausrollen, in etwa
6x6 cm große Quadrate schneiden. Auf jedes eine Aprikose
legen, die Ecken darüber falten
und mit den Händen Knödel
formen. Alle Knödel zugleich in
das siedende Wasser geben und
10 bis 20 Minuten ziehen lassen,
bis sie an die Wasseroberfläche
steigen. Die Butter in einer Kasserolle erhitzen, das Paniermehl
darin hellbraun anrösten. Knödel
aus dem Wasser nehmen, kurz
kalt abspülen, abtropfen lassen
und in den heißen Butterbröseln
wälzen. Mit wenig Puderzucker
übersieben.

*D*ie österreichischen Mehlspeisen kamen ursprünglich
als ländliche Hauptgerichte oder
als Fastenspeisen auf den Tisch,
und zwar in vielen Arten. Sie
stammen aus den verschiedenen
Regionen der ehemaligen
k.u.k.-Monarchie. Da gibt es die
„Buchteln" und „Tascherln", die
„Liwanzen" und „Pogatscherln",
die „Potizen", Nudeln und die
Knödel aus Kartoffelteig, die zu
den beliebtesten gehören. In Butter angerichtet, sind sie für ein
Dessert nach einer reichlichen
Mahlzeit fast zu mächtig. Um sie
richtig genießen und sich an
ihnen satt essen zu können, sollte man zum alten Brauch zurück-
kehren und die Marillenknödel
wieder zum Hauptgericht er-
nennen. Vorher eine leichte
Suppe oder einen grünen Salat
servieren.

ATHENER WALNUSSKUCHEN
FEIGENPASTETE

ATHENER WALNUSS-KUCHEN
400 g Walnußkerne
8 Eier
125 g weiche Butter und Butter für die Form
1 Vanilleschote
150 g Zucker
250 g Mehl
½ Päckchen Backpulver
½ unbehandelte Zitrone
2 TL Zimtpulver
Paniermehl für die Form
1 Prise Salz
Für den Zuckersirup:
250 g Zucker
1 Stückchen Zimtstange
Saft ½ Zitrone
2 cl griechischer Weinbrand

FEIGENPASTETE
250 g getrocknete, jedoch noch weiche Feigen
100 g Walnußkerne
50 g Korinthen
½ unbehandelte Zitrone
50 g Puderzucker
1 EL Ouzo (Anisschnaps)
2 EL Kakaopulver

ATHENER WALNUSSKUCHEN
Karithopita

300 g Walnüsse im elektrischen Blitzhacker fein zerkleinern, den Rest grob hacken. Eier in Eigelb und Eiweiß trennen. Butter mit dem ausgekratzten Vanillemark und dem Zucker in einer Schüssel mit dem elektrischen Handrührer schaumig rühren. Nach und nach das Eigelb unterrühren. Mehl und Backpulver vermischen und auf die Eiercreme sieben. Die Zitronenschale abspülen, dünn abreiben, mit dem Zimt auf das Mehl streuen und alles gut verrühren. Den Backofen auf 175 °C vorheizen. Eine Springform von 26 cm Durchmesser mit Butter einfetten und mit Paniermehl ausstreuen. Das Eiweiß mit der Prise Salz zu steifem Schnee schlagen und mit den fein zerkleinerten Nüssen unter den Teig heben. Diesen in die Form füllen und in Ofenmitte 50 bis 60 Minuten backen. Für den Zuckersirup ¾ Liter Wasser mit dem Zucker, dem Zimt, dem Zitronensaft und dem Weinbrand 7 Minuten sprudelnd kochen und abkühlen lassen. Den heißen Kuchen vorsichtig auf eine Platte stürzen und mit der Flüssigkeit begießen, so daß er sich richtig vollsaugen kann. Kuchen ab-kühlen lassen, in Quadrate schneiden und mit den gehackten Nüssen bestreut servieren.

FEIGENPASTETE
Sikakopita

Die Feigen entstielen, grob in Stücke schneiden und mit den Nüssen und den Korinthen im elektrischen Blitzhacker pürieren. Die Masse in ein Schüsselchen geben. Die Zitronenhälfte abspülen, die Schale fein abreiben und den Saft auspressen. Schale, Saft, Puderzucker und Ouzo in das Schüsselchen geben und alles gut verkneten. Aus der Masse eine Rolle von 1½ cm Durchmesser formen. Den Kakao auf ein Brett sieben und die Rolle darin wälzen, in 2 cm lange Stücke schneiden und mit Frischhaltefolie bedeckt über Nacht kühl stellen. Die Pastetenstücke schmecken köstlich zu einem griechischen Kaffee.

GEFÜLLTE HEFETEILCHEN

Für den Teig:
500 g Mehl und Mehl zum
Ausrollen
1 Päckchen Trockenhefe
125 g Zucker
1 Prise Salz
½ Vanilleschote
½ unbehandelte Zitrone
1 Eigelb und 1 Eigelb zum
Bestreichen der Teilchen
125 g Butter und Butter
für das Blech
1 EL Rum
½ Liter Milch
Für die Mohnfüllung:
65 g gemahlener Mohn
⅛ Liter Milch
1 EL Zucker
½ TL Kakaopulver
je 1 Messerspitze Zimt-
und Pimentpulver
Für die Quarkfüllung:
125 g Quark (10 % Fett)
2 EL Zucker, 1 Eigelb
½ Vanilleschote
½ unbehandelte Zitrone
1 Messerspitze Muskat
20 g Korinthen

Tip:
*Die Teilchen schmecken
auch gut mit einer Füllung
aus Pflaumenmus. Dafür
fertiggekauftes Mus etwas
einkochen und mit einem
Teelöffel Rum würzen.*

Koláčky
Für den Teig: Das Mehl in eine
Schüssel sieben. Hefe, Zucker,
Salz und das ausgeschabte Vanillemark zugeben. Die Zitronenhälfte
abspülen, abtrocknen und die
Schale fein dazureiben. Eigelb,
geschmolzene, lauwarme Butter,
den Rum und die lauwarme
Milch dazugeben. Alles mit dem
Knethaken des Handrührgerätes
zu einem weichen Teig verarbeiten. Diesen zugedeckt an einem
warmen Platz 30 Minuten gehen
lassen.
Für die Mohnfüllung: Den Mohn
mit der Milch, Zucker, Kakaopulver und den Gewürzen verrühren, bei sanfter Hitze 5 Minuten kochen und abkühlen lassen.
Für die Quarkfüllung: Den Quark
mit Zucker, Eigelb, dem ausgekratzten Vanillemark in eine
Schüssel geben. Die Zitronenhälfte abspülen, abtrocknen und die
Schale fein abreiben. Mit dem
Muskat und den Korinthen zum
Quark geben und alles verrühren.
Den Backofen auf 200 °C vorheizen. Ein großes Backblech mit
Butter einpinseln. Den Hefeteig
zusammenkneten und halbieren.
Den ersten Teil etwa ½ cm dick
ausrollen und in Quadrate von
8 cm Kantenlänge schneiden.
Auf jedes Quadrat einen Teelöffel

Quark- oder Mohnfüllung geben.
Die Ecken der Quadrate leicht
auszuziehen und die gegenüber-
liegenden Zipfel einmal vorsichtig
verschlingen und an den Teig
drücken. Die Füllung soll noch
sichtbar sein. Auf diese Weise
auch die zweite Teighälfte verarbeiten. Die Teilchen mit Abstand
nebeneinander auf das Blech
legen, noch 15 Minuten gehen
lassen, mit verquirltem Eigelb
einpinseln und 20 bis 30 Minuten backen, bis sie sich bräunen.
Frisch servieren.

*Wer in der Kaiserstadt Wien
etwas auf sich hielt, leistete
sich eine böhmische Köchin.
Denn niemand sonst konnte so
gut und wirtschaftlich kochen,
Mehlspeisen und Gebäcke herstellen wie sie. Die Rezepte der
böhmischen Leckereien verbreite-
ten sich schnell in der Donau-
Monarchie. Dabei gelangten auch
einige in unsere Backstuben, ent-
fernten sich aber wie die „Kolat-
schen" leider mehr und mehr
vom Original. So wird es Zeit,
das köstliche Gebäck wieder
einmal vorzustellen.*

QUARKTORTE

Für den Teig:
200 g Mehl und Mehl zum
Ausrollen sowie für die
Form
100 g Butter und Butter
für die Form
2 Eigelb
1 Prise Salz
50 g Zucker
Für die Füllung:
300 g fester Ricotta-Quark
(ersatzweise 400 g Topfen
oder Schichtkäse)
100 g Rundkornreis
100 ml Milch
½ unbehandelte Orange
1 gute Messerspitze
Zimtpulver
125 g Zucker
1 Prise Salz
50 g gemischtes und
gewürfeltes Orangeat und
Zitronat
2 Eier
1 TL Orangenblüten-
wasser (aus der Apotheke)
2 Eiweiß
2 EL Pinienkerne
1 EL Puderzucker

Tip:
*Die Quarktorte wird in
Italien, wie in südlichen
Ländern üblich, als Dessert
gegessen. Sie schmeckt
besonders gut mit Früch-
ten der Jahreszeit, mit
Weintrauben, Pfirsichen,
Aprikosen oder Orangen
als Fruchtsalat.*

Crostata di ricotta
Für den Teig: Das Mehl in eine
Schüssel sieben. Die Butter in
Flocken, das Eigelb (Eiweiß für
die Füllung aufheben), Salz und
Zucker zugeben und alles zu
einem festen Teig verkneten.
Diesen zu einer Kugel formen, in
Frischhaltefolie einwickeln und
bis zur Weiterverarbeitung kühl
aufbewahren.
Für die Füllung: Den Quark in
ein sauberes Küchentuch geben,
das Tuch zusammenfassen und die
Molke ausdrücken. Das Tuch mit
dem Quark in ein Sieb über eine
Schüssel legen, nach 10 Minuten
erneut ausdrücken, dann in eine
Schüssel geben. Den Reis mit der
Milch, abgeriebener Orangen-
schale und Zimt in einem Topf
zum Kochen bringen, den Herd
auf niedrigste Stufe einstellen
und den Reis in 20 Minuten ausquellen lassen. Zwischendurch
umrühren. Dann den Reis auf
den Quark geben, Zucker, Salz,
Orangeat und Zitronat, Eier und
das mit einem Teelöffel Wasser
verrührte Orangenblütenwasser
zufügen und alles gründlich
vermischen. Den Backofen auf
175 °C vorheizen. Eine Springform mit 26 cm Durchmesser mit
Butter einpinseln und mit Mehl
bestäuben. Vom Teig ein Viertel

abschneiden und beiseite legen.
Teig ausrollen und die Form
einschließlich des Randes damit
auskleiden. Den oberen Rand
gerade schneiden. Die beiden
Eiweiß zu steifem Schnee schlagen und unter die Quarkmasse
heben. Diese in die Form füllen.
Den restlichen Teig ausrollen, in
Streifen schneiden und damit
gitterartig den Kuchen verzieren.
Die Pinienkerne in die Freiräume
streuen und den Kuchen in Ofenmitte eine Stunde backen. Kurz
bei etwas geöffneter Ofentür im
ausgeschalteten Ofen lassen.
Kuchen vorsichtig auf ein Kuchen-
gitter schieben, nach dem
Abkühlen mit Puderzucker
bestreuen.

*Ricotta, ungesalzenen Frisch-
käse aus Kuh- oder Schafs-
milch, gab es schon im alten
Rom. Das Ur-Rezept für den
Käsekuchen stammt auch von
hier. Ricotta gibt es in geschmei-
diger Form für Kuchen, zum
Füllen von Teigtäschchen oder
für Saucen; als schnittfesten
Ricotta „salata" für Salat und als
Ricotta „salata al forno", gesalzen, gebacken, pikant gewürzt
und mit brauner Kruste.*

IRISCHER KAFFEE
WHISKEY-PUNSCH

IRISCHER KAFFEE
Pro Portion
20 ml irischer Whiskey
1 Portion starker, heißer Kaffee
2 TL brauner Zucker
4–5 EL halbsteif geschlagene Sahne

WHISKEY-PUNSCH
Pro Portion
2 TL Zucker
1 Prise Zimt
½ unbehandelte Zitronenscheibe
4 Gewürznelken
20 ml irischer Whiskey

IRISCHER KAFFEE
Irish Coffee

Ein original Irish Coffee-Glas oder ein langstieliges Punschglas gut vorwärmen. Das funktioniert am einfachsten über einer Spiritus-flamme. Man kann die Gläser aber auch, allerdings etwas energie-reicher, im Backofen vorwärmen. Den Whiskey hineingießen und das Glas mit dem frisch aufge-brühten Kaffee bis 1½ cm unter-halb des Randes auffüllen. Den Zucker zufügen und umrühren. Zuletzt aus der halbfest geschla-genen Sahne eine Haube auf den Kaffee setzen, die Sahne darf sich jedoch nicht mit dem Kaffee ver-mischen. Der heiße Irish Coffee wird durch die kühle Sahnehaube getrunken.

WHISKEY-PUNSCH
Hot Toddy

In einem vorgewärmten Stielglas Zucker und Zimt vermischen. Die halbe Zitronenscheibe mit den Gewürznelken spicken und darauflegen. Das Ganze mit dem Whiskey übergießen und mit heißem Wasser auffüllen.

Den „Irish Coffee" erfand ein Barkeeper im Flughafen Shannon in den fünfziger Jahren, um einige reisemüde Amerikaner aufzumuntern. Das gelang ihm offensichtlich, denn das Rezept wurde im Ausland schnell populär und eroberte erst von dort seine Heimat.

Gut gegen kalte Füße ist der „Hot Toddy", ein altes irisches Haus-mittel gegen Erkältungen. Späte-stens beim zweiten Glas wird dem Genießer klar, warum die gälische Bezeichnung für Whis-key „Uisce Beatha", Wasser des Lebens, lautet. Ihren Whiskey verdanken die Iren angeblich ihrem Nationalheiligen Sankt Patrick, den alkoholische Dünste von gärender Gerste aus mysti-scher Versunkenheit weckten und sich in der kalten Luft als Tröpfchen absetzten, die die Lebensgeister wieder in Schwung brachten. In einem ehemaligen Lagerhaus der berühmten Jame-son-Brennerei in Dublin ist heute ein Whiskey-Museum unter-gebracht, in dem man alles über das irische Lebenswässerchen, gebrannt aus Malz, Weizen, Hafer und Roggen, erfahren kann.

ROTWEINBOWLE
HEISSE SCHOKOLADE

ROTWEINBOWLE
2 reife Pfirsiche
1 aromatischer Apfel
1 unbehandelte dicke
Orange
2 unbehandelte Zitronen
1 Liter gekühlter, leichter
spanischer Rotwein, etwa
ein Valdepeñas
2 EL Zucker
Eiswürfel

HEISSE SCHOKOLADE
1 Liter Milch
1 ½ TL Speisestärke
100 g Zartbitterschokolade
oder dunkle Kuvertüre
2–3 EL Zucker nach
Geschmack

Tips:
*Der Sangria können auch
noch Aprikosen beigege-
ben werden oder Bananen-
stücke. Manche geben
einen Schuß Brandy oder
Bananenlikör hinein, ja
fast jeder schwört auf sein
eigenes Sangria-Rezept.*

ROTWEINBOWLE
Sangria
Die Früchte waschen. Die Pfirsiche und den Apfel halbieren, entsteinen beziehungsweise beim
Apfel das Kerngehäuse herausschneiden, schälen und in Spalten oder Stücke schneiden. Die
Orange und die Zitronen in
dünne Scheiben schneiden. Den
Rotwein in einen Krug gießen,
den Zucker zufügen und so lange
rühren, bis er sich aufgelöst hat.
Die Früchte in den Rotwein
geben und gut umrühren. Etwa
10 Eiswürfel in die Bowle geben,
kurz durchziehen lassen und
servieren.

HEISSE SCHOKOLADE
Chocolata caliente
In ½ Tasse Milch die Stärke auf-
lösen. Die Schokolade in einem
Töpfchen im Wasserbad schmelzen. Milch und Zucker in einen
Topf geben und erhitzen. Davon
etwa ½ Tasse unter die geschmolzene Schokolade rühren,
so daß sie flüssig wird. Die Schokolade in die heiße Milch rühren
und einmal aufkochen lassen.
Dann die Stärke unterquirlen und
alles unter Rühren aufkochen.
Die Schokolade sofort mit dem
cremigen Schaum auf Tassen oder
Becher verteilen.

*An einem heißen Sommer-
abend ist nichts so er-
frischend wie eine Sangria. Doch
Vorsicht, die Bowle ist äußerst
süffig! Das ausgewogene Verhält-
nis von Zitronensäure und Zucker
sorgt für ihre Bekömmlichkeit.
Wer die Sangria trockener mag,
läßt den Zucker weg. Um sie
spritziger zu machen, geben
manche auch noch etwas kaltes
Sodawasser zu.
Die heiße Schokolade ist nicht
nur das traditionelle Frühstücks-
getränk der Spanier, zu dem man
luftige Hörnchen, Hefeschnecken
oder „churroz", ein Spritzgebäck,
ißt. Auch Nachtschwärmer lieben
das köstliche Getränk, das die
Lebensgeister weckt. So haben
die oft im Jugendstildekor ausge-
statteten „chocolaterias" meist
bis nach Mitternacht geöffnet.
Schon wegen des historischen
Ambientes lohnt sich ein Besuch.
Berühmte Chocolaterias gibt es
in Barcelona und Madrid.*

DIE REZEPTE NACH GRUPPEN

Soweit in den Rezepten nichts anderes vermerkt ist, sind die Zutaten für vier Personen berechnet.

DIE REZEPTE ALPHABETISCH

Soweit in den Rezepten nichts anderes vermerkt ist, sind die Zutaten für vier Personen berechnet.

Bildquellen

Impressum

Danke

Für die Beschaffung von Informationen für dieses Buch bedankt sich die Autorin besonders herzlich bei den Fremdenverkehrsämtern folgender Länder: Belgien, Bulgarien, Dänemark, Finnland, Frankreich, Griechenland, Großbritannien, Irland, Italien, Litauen, Malta, Niederlande, Österreich, Polen, Portugal, Rumänien, Schweden, Schweiz, Spanien, Tschechische Republik und Ungarn sowie bei Frau Eila Anita Pilvi, Finnland.

Bilderberg: Klaus Bossemeyer 10 u., 29; Ellerbrock und Schafft 16; Michael Engler 22; Thomas Ernsting 26; Renate von Forster 172; Klaus-Dieter Francke 9 (beide); Eberhard Grames 17; Milan Horacek 6; Wolfgang Kunz 20, 78; Andrej Reiser 23, 62; Gert Wagner 21
IFA: Aberham 24/25, 46; Amadeus 12; Diaf 15; Gyarmathy 27; Horizon 182; R. Maier 18/19; Vahl 11, 136; V. Rauch 28; Fritz Schmidt 32; Wolfgang Schmidt 33; Siebig 10 o; Stadelmann 120; Welsh 13
Mauritius: MacLaren 162; Pigneter 8; Rossenbach 14; Torino 90
Sonja Reichert: 54
Michael Sanny: 152
Sigloch Bildarchiv: Hans Joachim Döbbelin 34/35, 72/73, 102/103, 142/143, 158/159 und alle ungeraden Seitenzahlen 37–185
Studio für Landkartentechnik, Hamburg: 4/5
ZEFA: Helbig 7; Janicek 30/31; Schumacher 2; Steenmans 40

© 1994 Sigloch Edition, Zeppelinstraße 35a, D-74653 Künzelsau
Nachdruck verboten. Alle Rechte vorbehalten. Printed in Germany
Reproduktion: Eder Repros, Ostfildern
Satzbelichtung: Setzerei Lihs, Ludwigsburg
Druck: W. Kohlhammer, Stuttgart
Papier: 135 g/m^2 BVS glänzend chlorfrei der Papierfabrik Scheufelen, Lenningen
Bindearbeiten: Sigloch Buchbinderei, Künzelsau
ISBN 3-89393-100-7

REIHENWEISE
KULINARISCHE KOSTBARKEITEN

REIS

NUDELN

BIER

AKTIV & VITAL

MIKROWELLE

THÜRINGEN
Kulinarische Streifzüge

MECKLENBURG
Kulinarische Streifzüge

BAYERN
Kulinarische Streifzüge

SCHWABEN
Kulinarische Streifzüge

SACHSEN
Kulinarische Streifzüge

SCHWEIZ
Kulinarische Streifzüge

FRANKREICH
Kulinarische Streifzüge

ÖSTERREICH
Kulinarische Streifzüge

DEUTSCHLAND
Kulinarische Streifzüge

CHINA
Kulinarische Streifzüge